Maya Arika　オリジナル

ソウル・カウンセリング・カード（自分用）

ソウル・カウンセリング・カードは、あなたの先天的に生まれ持った個性や才能である「天体資産」を見つけるお手伝いをするツールです。あなたの今回の人生の目的、何を体験したくて生まれてきたのか、それらを知ることで、今よりももっと自分を愛することができるはずです。

Point

使い方は、本書P104以降を参照してください。カードを読み解く時は、できる限り感情や自分基準のモラルを入れずに、客観的な視点を保つように意識しましょう。

☽ Moon

月

心、プライベート

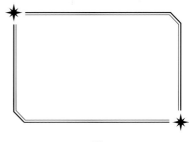

eling card

キリトリ

☿ Mercur

水星

左脳的な情報処理

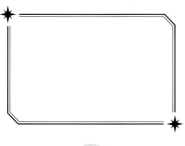

Soul counseling card

enus

金星

右脳的な楽しみ

Soul counseling card

キリトリ
キリトリ
キリトリ
キリトリ
キリトリ
キリトリ

☉ Sun

太陽

目指したい自分らしさ

Soul counseling card

キリトリ

♂ Mars

火星

行動力、仕事力

Soul counseling card

キリトリ

♃ Jupiter

木星

拡大、発展

Soul counseling card

キリトリ

♄ Saturn

土星

克服したい課題

Soul counseling card

キリトリ

キリトリ
キリトリ
キリトリ
キリトリ
キリトリ
キリトリ

♅ Uranus

天王星

飛躍のポイント

Soul counseling card

♆ Neptune

海王星

神意識

Soul counseling card

キリトリ

♇ Pluto

冥王星

ハイヤーセルフ

Soul counseling card

⊕ Earth

地球

外見、身体の性質

Soul counseling card

キリトリ

キリトリ
キリトリ
キリトリ
キリトリ
キリトリ
キリトリ

Maya Arika　オリジナル

ソウル・カウンセリング・カード（相手用）

このカードを使って、鑑定したい相手との相性、関係性、運命などを見ることができます。様々な方向から多角的に見ながら、クリエイティブに発想することを意識しましょう。

※ 自分と相手の色は、お好みで逆にしてもOKです。

キリトリ

☽ Moon

月

心、プライベート

Soul counseling card

キリトリ

☿ Mercury

水星

左脳的な情報処理

Soul counseling card

♀ Venus

金星

右脳的な楽しみ

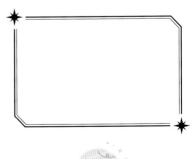

Soul counseling card

キリトリ
キリトリ
キリトリ
キリトリ
キリトリ
キリトリ

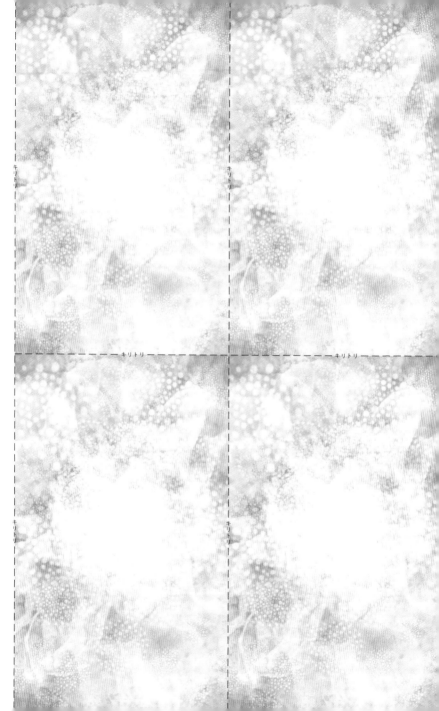

☉ Sun

太陽

目指したい自分らしさ

Soul counseling card

キリトリ

♂ Mars

火星

行動力、仕事力

Soul counseling card

キリトリ

♃ Jupiter

木星

拡大、発展

Soul counseling card

キリトリ

♄ Saturn

土星

克服したい課題

Soul counseling card

キリトリ

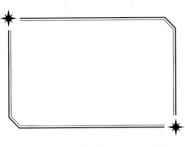

キリトリ
キリトリ
キリトリ
キリトリ
キリトリ
キリトリ

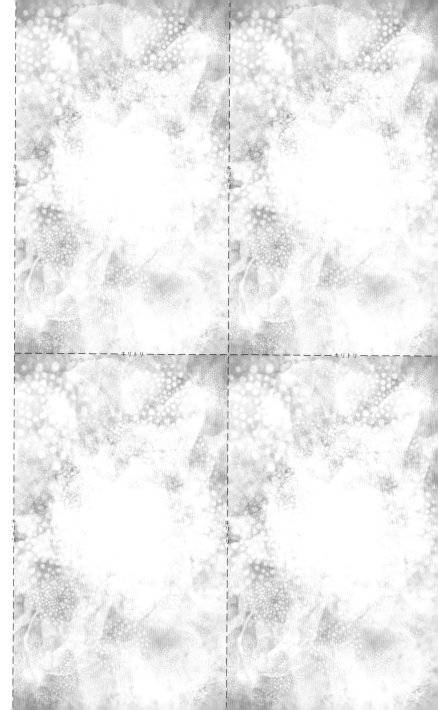

♅ Uranus

天王星

飛躍のポイント

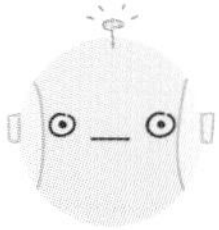

Soul counseling card

♆ Neptune

海王星

神意識

Soul counseling card

キリトリ

キリトリ

キリトリ

♇ Pluto

冥王星

ハイヤーセルフ

Soul counseling card

⊕ Earth

地球

外見、身体の性質

Soul counseling card

キリトリ

キリトリ

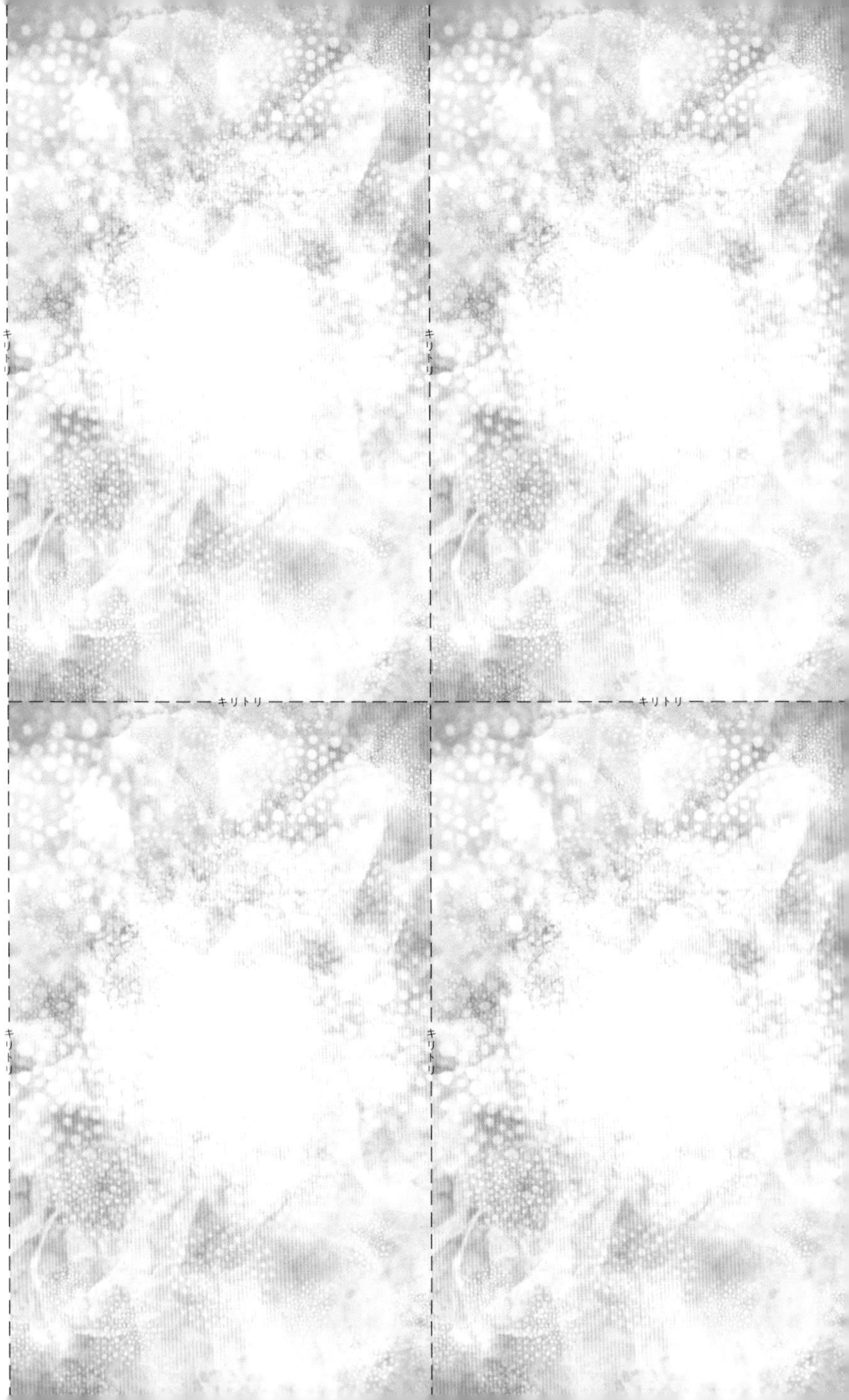
キリトリ
キリトリ
キリトリ
キリトリ
キリトリ
キリトリ

奇跡の
ソウル・
カウンセリング・
カード

Maya Arika

ハイヤーセルフと24時間つながる方法

Clover
クローバー出版

奇跡のソウル・カウンセリング・カード

Maya Arika

はじめに

突然ですが、なぜ世の中には、不幸な人と幸せな人がいるのかと考えたことはありますか？

生まれ育った環境が違うから？

持って生まれた才能が違うから？

私はこれまで七〇か国以上を旅していろいろな生活環境の人々と出会い、占い師として数千名のお客様を鑑定していく中で、いつもそのことをテーマに人々や自分と向き合ってきました。

そうして行き着いた答えと、どうしたら幸せな人になれるのかという方法を本書でお話しさせて頂きたいと思います。

大きく分けると、幸せな人生を創るために、人々が平等に持っている資産には次のようなものがあります。

天体資産（先天的）
感情資産（後天的）

天体資産とは、先天的に生まれ持った個性や才能のこと。

そして感情資産とは、生まれてからの環境の中で培ってきた、人生を生きるための視点やセンスみたいなものを表しています。

先天的なものは今世の人生プランに組み込まれた資質なので、できる限り活かすことを考えると、より人生の目的を生きやすくなります。

一方、後天的なものは、持って生まれた人生プランを生きる上で、プラスに働いている場合とマイナスに働いている場合があります。もしマイナスに働いているな、と感じる場合でも、本書の天体資産の内容を読み解くことで自分を知り、そこにチューニングしながら使いこなしていくことで、いくらでもプラスの方向に持っていくことができます。

現在、感情を整えるためのメソッドは世の中に溢れていますが、人生の目的を知らずに心だけ整えても対処療法のようになり、根本的な幸せにつながりにくくなることがあります。

西洋占星術では、生年月日は運命のパスワードとも言われ、あなたの天体資産とつながるための入り口となります。

あなたが持って生まれた星の情報は、あなたがこの人生で何を体験したくて生まれてきたのか、そのためにどんな個性や才能を持ってきたのかなど、あなたが遠い次元に置いてきた記憶を探る手がかりとなります。

天体資産と感情資産の二つを上手に調和させることによって、人は幸せな人生をみずから創り上げていくことができるようになります。

幸せな人を見ていると、占いの知識がなくても星の流れに乗っていて、人生で起きてくるいろいろな出来事を見事に解釈しながら進んでいるのが分かります。

本書に沿ってあなたの天体資産を可視化するソウル・カウンセリング・カードを作成し、そのメソッドを実践して頂くことで、きっとあなたも、もっと自分のことを愛して、一度限りの人生ゲームをより前向きに楽しみたいと思えるようになるはずです。

それでは宇宙視点の人生ゲームの世界へ、今から次元を超えて旅立ちましょう。

Have a nice trip!!

Maya Arika

Chapter 03 これであなたも占いソウルカウンセラー！

Chapter 04　カードの使い方のケーススタディ

chapter
01

ハイヤーセルフの視点を体感する

Experience the higher self perspective

ハイヤーセルフって誰？

ハイヤーセルフという言葉を聞いたことはありますか？

直訳すると、**「高次の自己」**ということになりますが、私も初めて聞いた時は、何だそれ？　としか思えませんでした。

何かスピ系の、観える人たち界隈での専門用語に過ぎないのかな、と思っていたのですが、ハイヤーセルフがどんな存在なのかを知るにつれて、**あ、あの時あの感覚を起こしてきたのはハイヤーセルフだったのかな？**　と思い当たる節があり、興味を持っていくつかの本を読んだ記憶があります。

もう一〇年くらい前なので、最初に何の本で知ったのかはよく覚えていないのですが、初めて私がハイヤーセルフの存在を体感した時のお話を少しシェアしたいと思います。

二〇代後半の頃の私は元主人と飲食店を経営しており、それなりにお店も繁盛していました。

でも、お店がうまくいけばいくほど、なぜか反比例するかのように幸福度が下がっていくのを感じ始めたのです。

その頃の私は目に見える世界しか知りませんでしたので、素敵な旦那さんもいて、お客様も良い人ばかりだし、仕事も順調なのにどうして？　と、本当に分からなくなっていました。

でも、日に日に心の苦しさが増していき、自分はノイローゼになってしまったのかと思いました。

そんな時、なぜか今までの生き方が全部間違っていたような、強烈な虚無感に襲われました。

今思えば、その感覚を起こしていたのが、他でもないハイヤーセルフだったのです。

あなたの人生の目的は今の延長線上にはないよと、苦しいという感覚で教えて

オーイ！
そっちじゃない
何がいけないの？
くるし〜い

くれていたのです。

でも、当時の私はそんなことはまるで知りません。

今までそこそこいい子で、ちゃんと学校に行って、ちゃんと就職して、大好きな人と結婚して、お店を経営して……。

それが全部間違っていたと言われたら、私はもう生きていく術がない、というところまで追い詰められていきました。

そして、そんなノイローゼ状態が半年ほど続いたあと、**私の中に自分の意志とは違う存在がいるな、**と気付いていた私は、その存在に向かって、「じゃあどうすればいいの⁉」と問いかけたのです。

すると脳裏に、真っ青なミルキーブルーの海とビーチの絵が浮かび上がりました。

あまりにも鮮明なその映像に、「え？　ここに行けってこと⁉」と直感しました。

ずっと前から、海外で働いて自分の力で生活してみたいとは思っていたけれど、もう無理だな、と諦めていた気持ちが、どんどん蘇ってきました。

そして、その日からその海の映像を頼りに、海外就職の情報を探し始めたのです。

今まで行ったことがある中で一番海の色が近いのがカリブ海だったので、最初はメキシコあたりかな？　と思って検索していたのですが、結局それから三か月後に、「ガラパゴスで添乗員募集」という広告を見つけ、行ったこともないのになぜか、これだ！　と確信しました。

そしてそれからさらに半年後、南米エクアドルの旅行会社に現地就職し、初めての研修旅行で訪れたガラパゴス諸島の海が……。

あの時、脳裏に浮かんだ絵とまったく同じだったのです！

この出来事をきっかけに、私は**自分の意志とは別の存在が私の中にいることを確信しました。**

そして、その存在からのメッセージに意識を向けて、それに従った結果、今までの心の苦しさが嘘のように消えてなくなりました。

客観的にその時の現実を見ると、自分のワガママで勝手に日本を飛び出したひどい奥さんとなり、旦那さんやお客様、お店ともお別れし、所持金もほとんどない状態で南米に行き、時給二ドルで働くという、今思えば、本当に常軌を逸していたと思います。

この経験をきっかけとして私は、**自分の中に何がいるんだろう？**ということに好奇心を持ち、心の世界、心理学や潜在意識の世界の仕組みを探究し始めたのです。

これから本書で皆様とシェアする内容も、私たちが普段知覚している見える世界（自然科学や顕在意識の世界）ではない知覚できない世界、神秘学や潜在意識の世界のお話となります。

ハイヤーセルフは、見えない世界、つまり、私たちが生きている次元とは別の世界に存在しています。

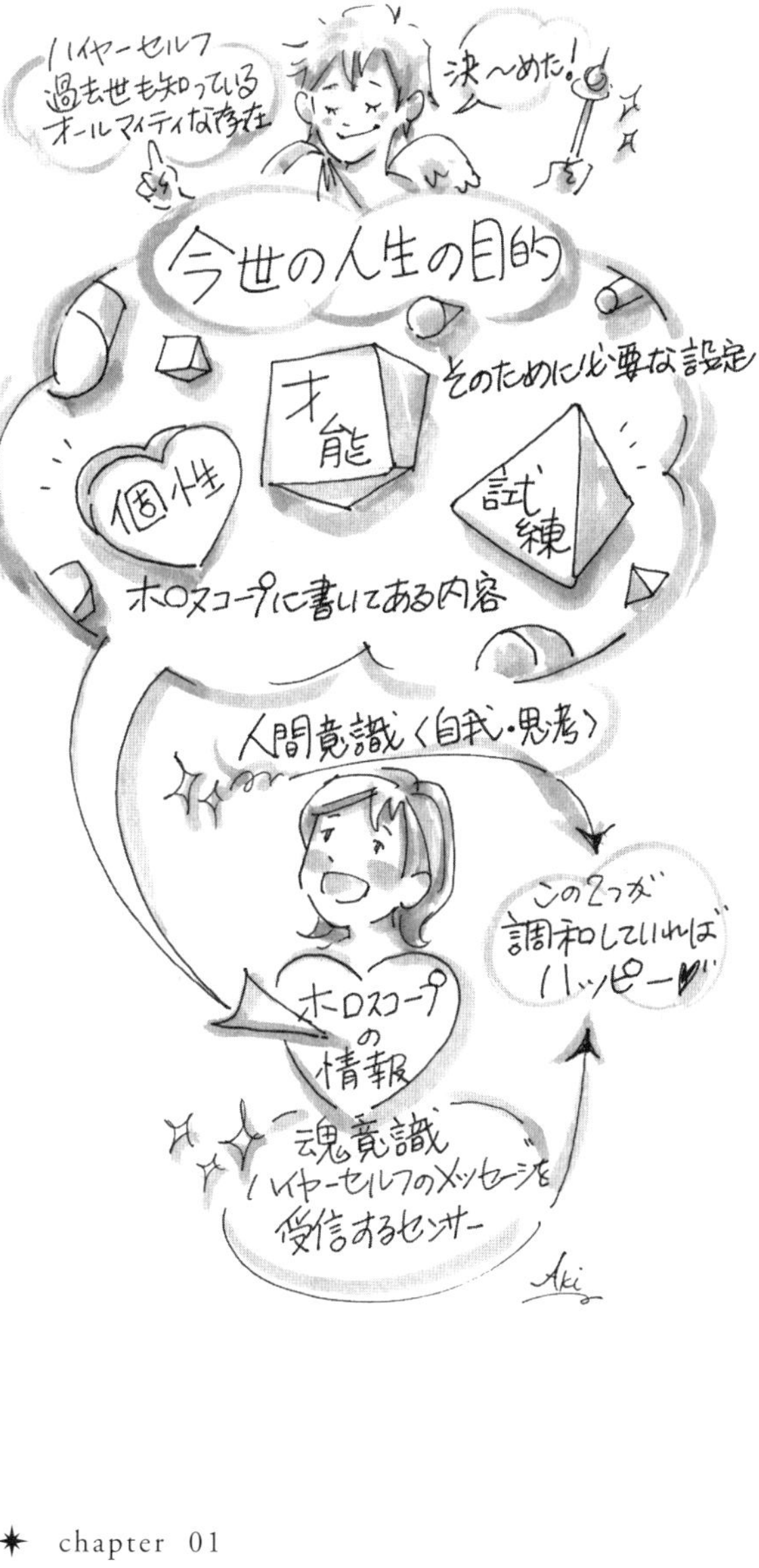
ハイヤーセルフ
過去世も知っている
オールマイティな存在
決～めた！
今世の人生の目的
そのために必要な設定
才能
個性
試練
ホロスコープに書いてある内容
人間意識〈自我・思考〉
この2つが
調和していれば
ハッピー
ホロスコープ
の
情報
魂意識
ハイヤーセルフのメッセージを
受信するセンサー
Aki

私たちの普段の意識と、魂、ハイヤーセルフとの関係性はこの絵（P21）のようなイメージです。

ハイヤーセルフの意識は生まれ変わりの記憶をすべてその中に留め、何度も違った人生を体験しながら永遠に成長していく存在です。

ハイヤーセルフは生まれてくる前に、過去世での経験や課題なども含め、**今回はどんな人生にしようかな？**　とワクワクしながら次の人生プランを考えます。

宇宙やハイヤーセルフの願いはただ一つ、全体として進化、成長することです。

そのために今世の目的を決め、その目的のために必要な個性や才能の情報を、地球に生まれていく自分の魂にインプットします。

それらの情報がすべて書き込まれた魂は、生まれた時に私たちの身体の中に入ります。

ハイヤーセルフの意識は地球と次元が違うため、直接身体の中には入れないので、別次元から自分の魂が地球で肉体を持って活動するのを見守っています。

そして、**必要に応じて魂の感覚を通して私たちにメッセージを送り、地球で無事に目的を果たせるようにサポートするのです。**

ですので、大きく捉えればハイヤーセルフも自分自身なのです。

ではなぜ、そんな知覚しにくいハイヤーセルフの意識に気付く必要があるのかは、先ほどの私のエピソードで、もうお分かり頂けたと思います。

私たちが普段の意識で認識できる、人間意識が求める人生の幸せと、ハイヤーセルフが求める今世の目的が食い違っていると、どんなに頑張って社会で成功したり、お金持ちになったりしても、まったくと言っていいほど人生の達成感や幸福感を得られないからです。

何でこんなに大切なことを学校で教えてくれなかったんだろう!? そうしたらあんなに苦しむことも、みんなに迷惑をかけることもなかったのにと、三〇代に入ってからこのことに気付いた私は愕然としました。

そして、ハイヤーセルフの声に従う人生に大きくシフトチェンジしたのです。

しかしながら、のちの章で詳しくお話ししますが、今思えばそれに気付くタイミングも、人生をシフトさせたタイミングも、占星術的に見たらぴったりなタイミングだったのです。

持って生まれた天体は

この世で生きるための資産だった

ハイヤーセルフの声に耳を傾け、共に生きることで、あなたの魂が今世に生まれてきた目的を生きることができます。

そして、その目的を生きることは、人間としてのあなたの幸せにも直結しています。

では、ハイヤーセルフという掴みどころのない意識と、どのように交信したらいいのでしょうか？

実は、そのためのツールとして使えるのが西洋占星術なのです。

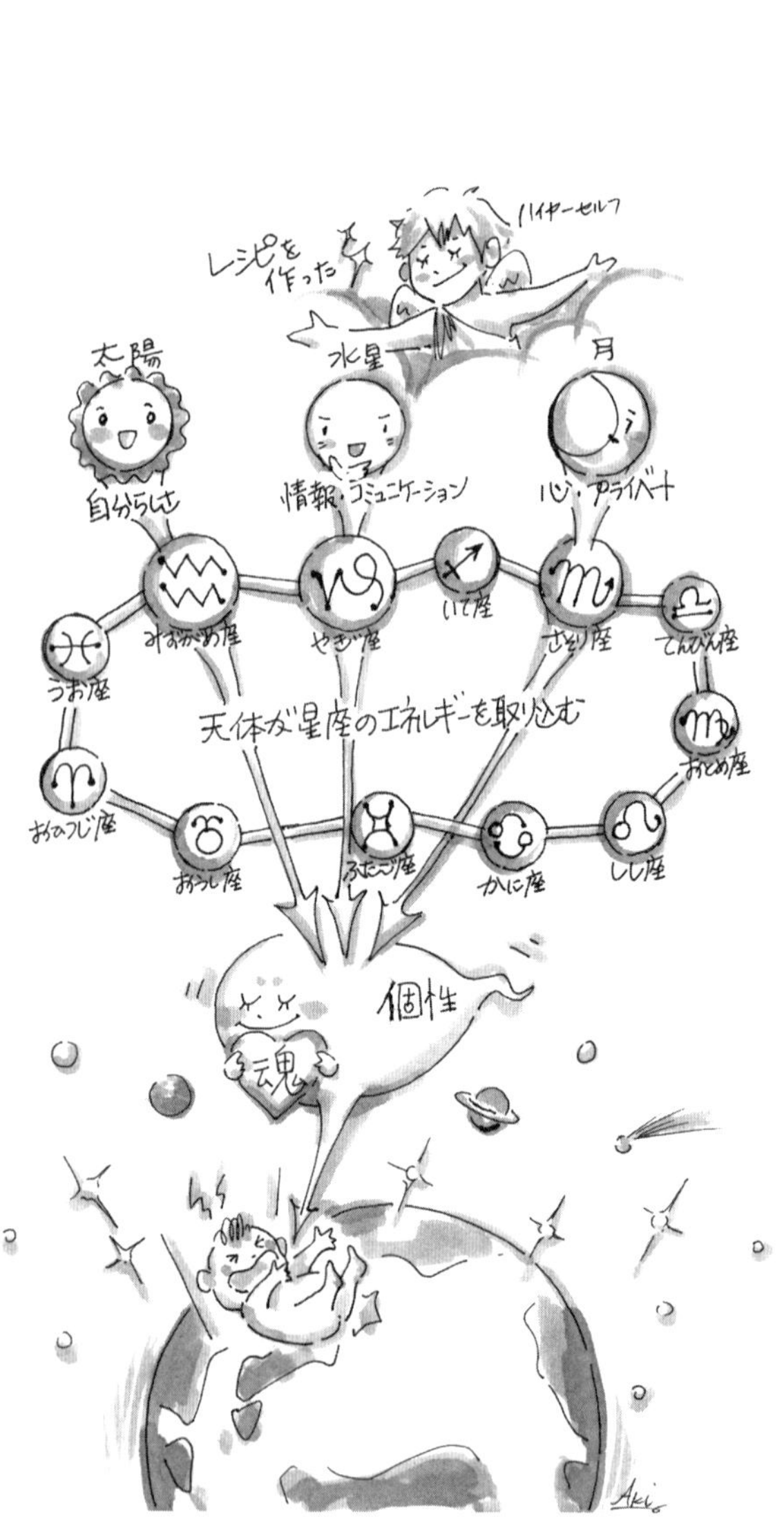
ハイヤーセルフ
レシピを作った
太陽
水星
月
自分らしさ
情報・コミュニケーション
心・プライベート
みずがめ座
やぎ座
いて座
さそり座
てんびん座
うお座
天体が星座のエネルギーを取り込む
おとめ座
おひつじ座
おうし座
ふたご座
かに座
しし座
個性
魂
Aki

占いと言うと、現世利益が欲しくてやってもらいに行くもの、当たるも八卦当たらぬも八卦と思われがちですが（以前の私はそう思っていました（笑））、本来は持って生まれたホロスコープを読むことで、**あなたの魂がどんな動機でこの地上に生まれてきたのかが分かるのです。**

宇宙や魂には時間も空間もありませんが、**ホロスコープは二次元の図の中に五次元の計画を封じ込めた魂の計画書とも言えます。**

ですので、私がお客様の鑑定をする時は、ここに書かれた魂からのメッセージを翻訳してお伝えするようにしています。

ホロスコープには一生分の計画がすべて詰まっていますので、どんな目的で占いに来られる方でも、根本的な魂レベルでの開運法や考え方を指し示すことができるのです。

ただ、先ほどの私の例のように、人間意識の視点とハイヤーセルフの視点は食い違っている人のほうが多いため、一回のセッションではそれを理解して腑に落とせる人のほうが少なく、人間意識が期待していることを言ってもらえないと、占いの結果は凶で、期待通りの答えが返ってくると吉と捉える人も多く、どうしたら伝わるだろうかとずっと模索していました。

例えば、お客様から「私は結婚できますか？　専業主婦になりたいです！」と言われてホロスコープを見ると、旦那様の収入で生活するよりも、自力で好きなことを見つけて収入を得たい！　と書いてあったりするのです。

この意識の食い違いが、人生に違和感や苦しみをもたらします。

この二つの意識を調整するためには、定期的にハイヤーセルフの考え方や視点に触れ、慣れ親しんで頂く必要があると思いました。

そのためのツールとして、本書で作成して頂くソウル・カウンセリング・カードを考案しました。

このカードを使えば、ハイヤーセルフの意識が求めていることをいつでも確認することができ、人生のあらゆる場面でカードゲームのカードを切って勝負するように、ハイヤーセルフの視点で人生を組み立てていくことができます。

そのための第一歩として、まずは強みや弱みも含めて、あなた自身が持って生まれた今世のキャラクター

としての特性を知っていきましょう。

今世の目的を生きるためにあなたが持って生まれた個性や才能が、あなたにとって文字通り、この世を生きるための揺るぎない資産となるのです。

風の時代は星の個性を使いこなす人が活躍する時代

二〇二〇年の年末から、約二四〇年ぶりに〝**風の時代**〟に入りました、という情報を耳にされた方も多いのではないでしょうか？

スピリチュアルに興味がある方だけではなく、まったく興味がない方でも耳にするほど、最近よく聞くようになった風の時代とは、どのような時代なのでしょうか？

これから約二四〇年間続き、私たちの今後の人生はずっとこの風の時代を生きることになるだけに、**基本的な時代精神**を押さえておいたほうが生きやすくなると思います。

今までの〝地の時代〟は、目に見えるものに価値がある時代でした。

お金や土地や車をどのくらい持っているか、どんな会社に勤めているのかなど、誰にでも分かりやすい資本主義の指標によって、人の価値まで測られてしまうような風潮がありました。

そして、そんな時代のテーマの中で頑張ってくださった先人たちがいるからこそ、先進国に住んでいる私たちは、ある程度の生活水準を保つことができ、最低限の洋服や食べ物などはみんなが手に入れられるという、ある種の豊かさを得ることができたのです。

これによって、人間の基本的欲求である生理的欲求と安全欲求は物理的に満たされることになり、宇宙は人類の意識の進化のために、次なる時代へとテーマをシフトさせたのです。

次のテーマとなる風の時代とは、一言で言うと**目に見えないものを観る時代です。**

言い換えると、**波動の時代**と言ってもいいかもしれません。

先ほどの潜在意識や神秘学の世界とも重なる大切な視点が、風の時代に重要となってくるテーマです。

何が好きで何が嫌いなのか、どんな生き方をしたいのか、どんな人とどんなつながりを作っているのか、といったような在り方や考え方、そしてそのためにどんな個性を発揮しているのか、どんな影響を社会に与えているのか、といったような、**その人固有の人生の文脈のようなものが、風の時代にはその人の価値として評価されるようになっていきます。**

　そのような時代には、与えられたレールの上で、何も考えずにひたすら生産性を追求するような生き方ではなく、**自分という一個人の人生をどのように活かして、意味のある人生にしていけるのか**が問われます。

　そして、自分を活かしている度合いによって、共振共鳴した同じような人たちとのつながりが作られていくことでしょう。

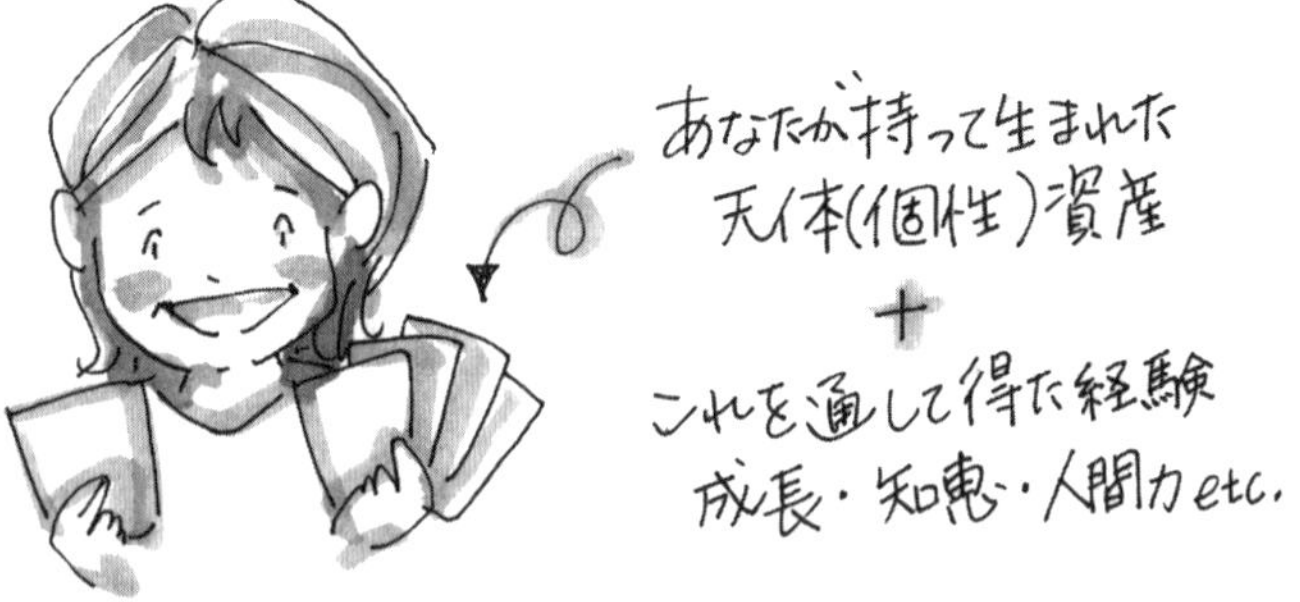

いかに自分を発揮して生きているか。

これからどんどんその差が開き、結果的にそれが幸福格差や収入格差にもつながり、二極化と呼ばれる現象を引き起こします。

誰にでも、持って生まれた幸せの形があります。

この機会に、ぜひご自身の人生の意味や個性について棚卸しをしていきましょう。

chapter 02

あなただけのソウル・カウンセリング・カードを作る

Make your own soul counseling cards

ソウル・カウンセリング・カードの記入例は、
P102をご覧ください。

自分のホロスコープの出し方と読み方

それではいよいよ、持って生まれたあなたらしさ、天体資産とはどんなものなのか、実際にカードを作りながら紐解いていきましょう。

まずはあなたのホロスコープ・チャートをインターネットで出して頂く必要があります。

いつも使っているサイトがあればそれを使って頂いても構いませんが、ここではAstrodienstの無料ホロスコープ作成（日本語版）を使ってご説明していきます。
URL：https://www.astro.com/horoscopes/ja

ホロスコープの出し方

①サイトにアクセスし、上部のホロスコープタグから、左側の出生図、上昇点（アセンダント）を選びます。

②メールアドレスを登録せず、ゲストユーザーとして出生データの入力に進むことができますので、データの入力画面まで進みます。

③ホロスコープを出したい方のお名前、性別、生年月日、出生時刻、出生地を順

に入力していきます。

時々出生地で出てこない地名がありますので、その場合は最寄りの大きめの都市名を入力してみてください。

出生時刻が分からない場合のホロスコープの出し方はいくつかあるのですが、自分の個性を知るには「ソーラーサインハウスシステム」で代替するのがお勧めです。

ご自身の生まれた日の日の出時刻の少し前の時刻を入力して頂き、ご自身の太陽が「1ハウス」に来るようにしてください。

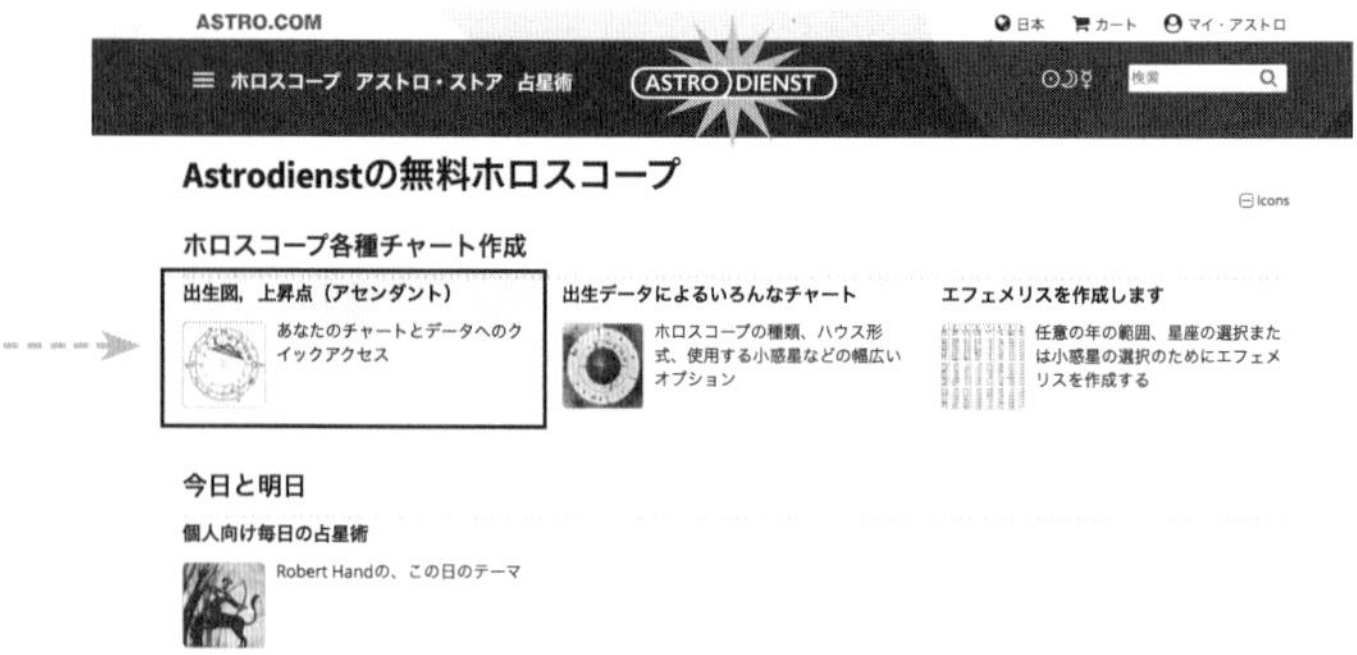

日本の場合、冬は午前六時頃、夏は午前四時三〇分頃など、時季によっても日の出の時刻が違いますので、その時季に合わせて時刻を調整してください。

④すべての入力が済んだら、「続ける」を押してホロスコープを出します。

⑤ホロスコープが出せたら、「←」で示した左側の表を見てください。こちらのサンプルのホロスコープの場合は、太陽・獅子座、月・天

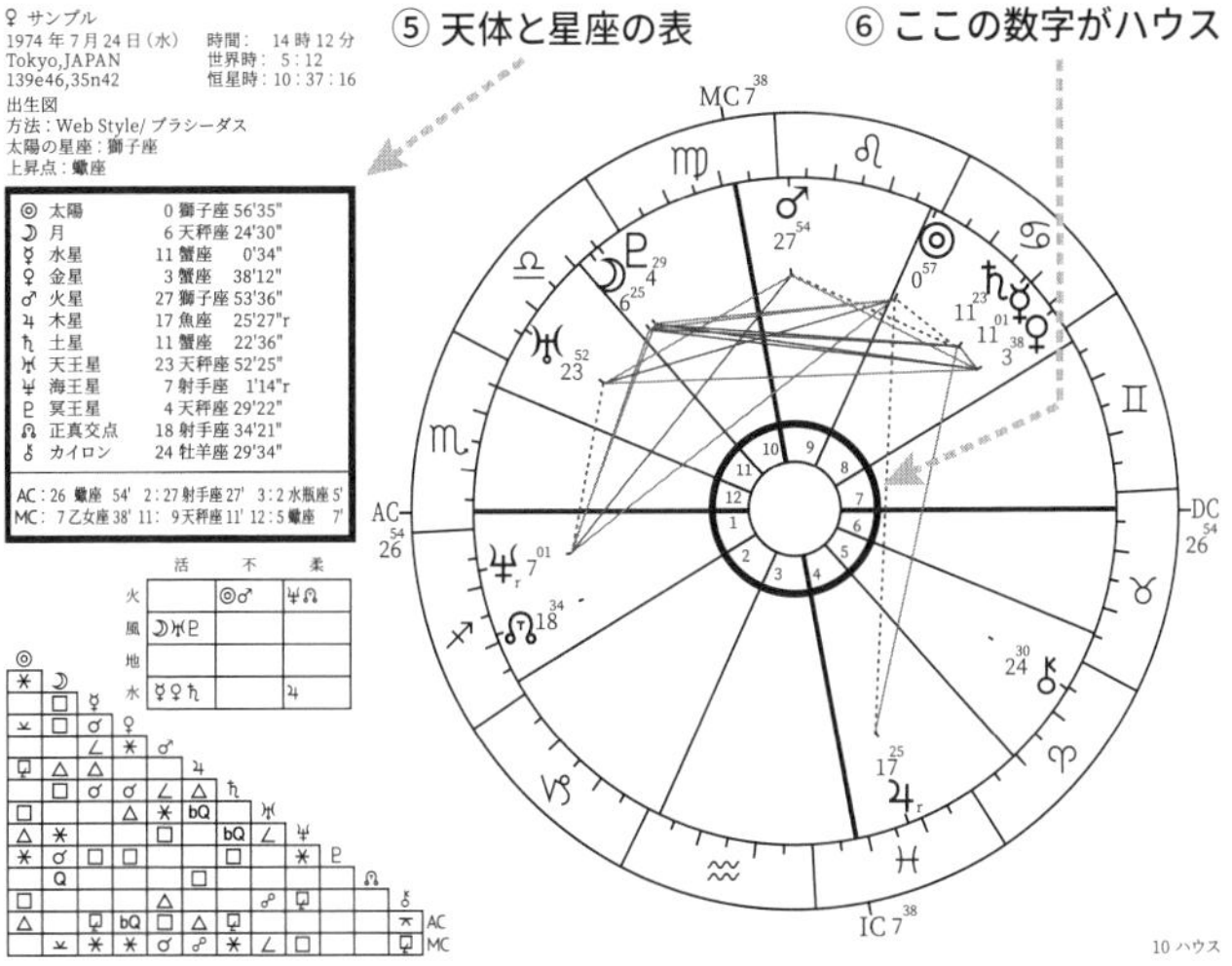

秤座……と、各天体が何座に位置しているのかが書いてあります。

⑥次はハウスの見方です。各天体のマークを、先ほどの「←」で示した表の中から確認して頂き、円形のホロスコープを見ながら、太陽がどの数字の枠の中に入っているかを確認します。
サンプルのホロスコープの場合、太陽は「8ハウス」、月は「10ハウス」となります。

⑦あなたの天体の星座とハウスを、次の表に書き入れてみましょう。
ハウスの数字を書き入れる際は、あとで追加して頂きたいキーワードがあるため、端のほうに記入しておいてください。

［記入例］

あなたの天体表

	天体（担当分野）	ハウス	星座（天体）
個人天体（人間意識）	月（心、プライベート）	10	天秤座
	水星（左脳的な情報処理）	8	蟹座
	金星（右脳的な楽しみ）	8	蟹座
	太陽（目指したい自分らしさ）	8	獅子座
	火星（行動力、仕事力）	9	獅子座
社会天体（宇宙意識）	木星（拡大、発展）	4	魚座
	土星（克服したい課題）	8	蟹座
	天王星（飛躍のポイント）	11	天秤座
	海王星（神意識）	1	射手座
	冥王星（ハイヤーセルフ）	10	天秤座

あなたの天体表

	天体（担当分野）	ハウス		星座（天体）
個人天体（人間意識）	月 （心、プライベート）			
	水星 （左脳的な情報処理）			
	金星 （右脳的な楽しみ）			
	太陽 （目指したい自分らしさ）			
	火星 （行動力、仕事力）			
社会天体（宇宙意識）	木星 （拡大、発展）			
	土星 （克服したい課題）			
	天王星 （飛躍のポイント）			
	海王星 （神意識）			
	冥王星 （ハイヤーセルフ）			

今世のテーマは？

あなたの天体資産の性質を知る

十天体の意味

次は各天体の意味について、一つ一つ見ていきましょう。

天体は言わば天使のような存在で、月は心や感情の担当、水星は知能の担当というように、天体ごとに司っている分野が違います。

どの天体のエネルギーが強く発揮されていて、どの天体のエネルギーがあまり使えていないな〜ということも、ここをお読み頂ければ何となく感じられるはずです。

ホロスコープから、あなたが持っている一〇個の天体、星座、ハウスの一覧表を作って頂いていると思います。

まずは、各天体の担当分野について簡単にご説明していきます。

天体表にもキーワードが書いてありますので、まずは早くカードを完成させたいという方は、ここはいったん飛ばして、次の十二星座の性質（P65〜）を見にいって頂いても大丈夫です。

個人天体（人間意識）

月～火星の五つの天体は個人天体と呼ばれ、個人の個性を規定する天体です。

性格として表に出てきやすいので自覚しやすく、日常を通して意識しやすい性質です。

月

西洋占星術では、月は女性性の象徴であり、**潜在意識や心の中**を表しています。実際の月が満ち欠けするのと同じように、潜在意識にしまい込まれている記憶や感情もとても移ろいやすく、曖昧なものです。

また、過去世からの記憶や性質を宿しているのも月であると言われています。

日常では、月の性質は**家に帰ってリラックスした時など、プライベートな素の自分**として出てきます。

このように、月は自分だけの幸福感や人生の土台を作り上げる上で、とても重要な役割を果たしています。

最近ではインナーチャイルドという言葉もよく聞くようになりましたが、幼少期の想いも月の潜在意識の中に蓄積されています。

水星

水星は**左脳的な情報処理**を司る天体です。

神秘学では太陽の意識、太陽霊が太陽系の中で一番意識が高い霊体であると言われていますが、水星は太陽と地球との間にあって、地球にいる私たちに太陽霊からのメッセージを運んできてくれているとも言われています。

そのような、**直感を左脳で処理して言語や自覚に落とし込む力**は、本来水星に期待したい能力でもあります。

日常的には、学校で学ぶ勉強や常識として覚える知識など、いろいろなことを頭で反射的に処理する時に使っている天体です。

思考の使い方や文章力、コミュニケーションの仕方として表れていますので、私たちが日常で最も自覚しやすい天体の一つとも言えます。

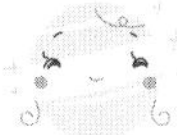

金星

金星は**右脳的な楽しみ全般**を司ります。

何を美しいと思い、何に魅力を感じるのかといった、生まれながらにして持っている**あなただけの美意識**の部分です。

人に恋して、ときめきを感じている時などは、金星の力が全開になって輝いています。

また、**金星は金運を司る**とも言われていますが、持って生まれた金運を十分に享受するためには、**自分の中の金星の力＝ときめき力**が最大限に発揮されるポイント（胸キュンポイント）を押さえておく必要があります。

マーケットや外側の条件に合わせた仕事ではなく、あなたが心の底から魅力を感じることに出会い、大切に育てていくことで、金星が満足してその力を十分に発揮することができます。

それが自然な形で金運へと育っていくと、心も豊かな宇宙からのベーシックインカムを手にすることになります。

太陽

太陽は、今世はこんな自分になりたい！　というような、魂が**目指したい自分像**を担当しています。

なので、太陽の性質が当たっていないという人がいるのもうなずけます。

太陽の性質は、精神的にも大人になり、自立心を育てることで発揮できる力なのです。

太陽は太陽系で唯一、みずから光を放っている天体です。

太陽のようにみずからの力で輝く力を手に入れるには、**持って生まれた星座の**

個性を最大限に愛して、自信を持って活用していく必要があります。

そのようにして、社会（※）の中であなたの太陽を輝かせ、今世の役割を全うすることで、徐々に全体意識、宇宙意識へと近づいている自分に気付くようになっていきます。

※社会とは人間の共同体の総称であるため、家族も一つの社会であると言うことができます。

火星

火星は、**人生を積極的に作り上げるための行動力や、仕事の仕方**を担当します。

情熱や勇気も火星が司っている分野です。

また、**火星は生粋のファイター**ですので、人生で危機に陥った時にみずからを奮い立たせ、何とかしようとする原動力も、火星がもたらしてくれます。

恋愛では、**相手を情熱的に愛し、積極的にアプローチしようとする男性的なハンターのエネルギー**として表れることもあります。

火星の力が弱いと人生も恋愛も淡白なものになって、いまいち盛り上がりに欠けるな〜という感じがしてくるでしょう。

火星の力を発揮できていない女性は、理想の男性に自分の火星（や太陽）を投影し、相手にその性質を叶えてもらおうとする傾向があります。

自分の天体はすべて自分で輝かせるぞ！　と、みずからの意志を強く持つのも、火星の働きによるところが大きいです。

社会天体（宇宙意識）

木星以降は社会天体と呼ばれ、今まで見てきた個人天体とは少し感じ方が異なります。

私たちが自覚しにくい心の奥底に働きかけるようなエネルギーで、集合的無意識として世の中の流行を作り出したり、社会の流れを変えるような大きなエネルギーを生み出したりもします。

ここでは、特にこれらの天体が私たち個人にどのような影響をもたらすのかということに焦点を絞ってお話ししていきます。

木星

木星は**すべての物事を拡大、発展させる天体**です。

一般的には幸福の星として知られていますが、木星の純粋な作用としては**物事を拡大させるエネルギー**ですので、良いことも悪いことも、両方とも大きく広げる力があります。

また、木星は**志高く精神性を高めたい**という意識を発展させます。

木星のエネルギーが発揮されることで理想が高くなり、自分の人生の中で意義あることや、大きなことを成し遂げたいと思うようになります。

また、精神性が高まることで多くの人に対して寛容になり、いろいろな可能性を受け入れる心の器、柔軟性が広がります。

会社や組織の中で人格者として人々から慕われ、頼りにされる年長者は、木星の力が非常に強い人と言うことができます。

土星

土星は**今世の魂が克服したい、乗り越えたいと思っている課題**を担当しています。

古典占星術では土星は凶星とされ、恐れられてきた星でもありますが、それは見方を変えれば私たちへの愛の鞭なのです。

土星が私たちに与える試練は、それを乗り越えることで魂が成長して、自己実現するために必要な力をもたらしてくれます。

土星の課題にしっかりと取り組むことができれば、**現実社会にしっかりと適応しながら、やりたいことを具体的な形に落とし込むことができるようになります。**

厳しい先生ほど卒業したあとも記憶に残ったりしますが、土星はそのように人生の中での困難を通して、私たちの人生を味わい深いものにしてくれるのではないでしょうか。

♅ 天王星

トリックスターとして知られる天王星は、**私たちの人生を飛躍的に変化させるエネルギー**を担当します。

飛躍的な変化とは、量子跳躍、つまり**過去のデータに基づかない、連続的な予測がつかないレベルの変化**です。

それは、のちの生命の樹の章でも詳しくお話ししますが、土星以降の天体はトランスサタニアンと呼ばれ、時間の概念などの地球のルールの支配から解放されている天体たちであるためです。

そのため、地球人としての意識が根強いままだと、これ以降の天体の言わんとすることを理解するのが難しいと感じる人もいるかもしれません。

逆に言うと、これらの天体の意識も取り入れて生きようと決意した人は、地球のルールを超越し、宇宙からの直感、閃きをベースに人生を作り上げることになっていきます。

海王星

海王星とは**神意識**、つまり私たちが今世この地球に生まれてくる時に神様と交わしてきた契約内容、**人生の目的**を表しています。

その内容は、地球の次元のものではないため非常に抽象的で、音（波動）、文字、数字で表される記号のようなエネルギーであると言われています。

占いのお客様で、人生の目的を知りたいです、とおっしゃる方はとても多いのですが、伝統的な神秘思想の世界では、この神意識との契約内容を占星術などで示唆することはできても、これだ！　という感覚、神意識とつながる体験は言葉の領域を超えており、たとえ天使であっても、神と個人との間に入ってそれを仲介することはできないと言われています。

そのため、本書でも神意識との契約内容の方向性を指し示すことまではできますが、そのあとは個人個人の人生体験の中で、**神意識と一体になる感覚、波動の共振共鳴**に感性を開くことを意識して頂ければと思います。

ただ、そのゾーンに入れば、あなたにだけは、これが神意識との契約内容だった、と分かるはずです。

冥王星

冥王星は**ハイヤーセルフの意志**を司る天体です。

冥王星の解釈も、一般的な西洋占星術と神秘思想の世界観では大きく異なっていますが、実は私たちの人生に最もパワフルに作用しているとも言える冥王星との付き合い方は非常に重要です。

一般的には破壊と再生を司る死神のようなエネルギーとして、あまりにも大きなそのパワーに恐れを抱かせる天体として知られています。

古典占星術では、こちらも土星以上の凶星として扱われていました。

では、冥王星はなぜそこまでの破壊を私たちの社会や人生にもたらすのでしょうか？

冥王星はハイヤーセルフの意志を司っていますので、人間の視点ではなく魂視点で観ると、その理由が見えてきます。

冥王星の公転周期は太陽系の天体の中でも一番長く、十二星座を一周するのに約二四八年かかります。

人の一生が約八〇年と仮定すると、冥王星のワンサイクルは人生三回分となります。

つまり、冥王星はそのような長いスパンで物事を見て、成長のための計画を立てているのです。

魂の成長の過程では、時には生死に関わるような、受け入れがたい試練を経験することもあります。

しかし、そのような試練を通して、冥王星は得難い学びを私たちの魂にもたらしてくれるのです。

今回のコロナ騒動は、二〇二〇年に冥王星、土星、木星が山羊座で重なるトリプル・グレートコンジャンクションという現象が起きたために表面化したと、占星術の世界では考えられています。

一方、冥王星の破壊のインパクトを緩やかにしながら再生へと向かう方法もあります。

それは、日頃からハイヤーセルフの声に耳を傾け、破壊の時期を迎えているな、つまり仕事や人との関係など、今までの物事が終わりのステージを迎えているな、と感じたら、**過去に執着せずに、流れに沿って軽やかに手放し、新たに生まれ変わっていくという姿勢を持つことです。**

逆に言うと、変えるべきものを変えずに、いつまでも同じステージに留まっていると、強制執行によってそれを続けられなくなる、という痛みを経験することとなります。

私が鑑定していたお客様たちも、二〇二〇年のコロナショックをきっかけに、新しい仕事や生活の仕方にスムーズに移行した人は、むしろ人生が良い方向に行ったとおっしゃっていた方が多いのが印象的でした。

そのように、冥王星は付き合い方さえ間違えなければ、春夏秋冬のサイクルのように、自然な始まりと終わりを経験させてくれる天体なのではないかと思います。

十二星座の意味

さて、次は十二星座ごとの意味をご紹介していきます。

十二星座とは、それぞれの分野の主役である天体たちがどのような個性をまとっているかを表すエネルギータイプです。

そのため、星座ごとの意味を読みながら、**こんな人物像かな~?** と想像して頂き、その人が考えそうなこと、好みそうなことなどについて、発想を自由に膨らませてみてください。

その人物をイメージすることができればできるほど、あなたが持っているカードの登場人物たちが生き生きと、まるで生きているかのように感じられるはずです。

先ほど作って頂いた天体表をご参照頂きながら、まずはあなたに関係がある星座から見ていくと分かりやすいでしょう。

♈ 牡羊座　【ワクワクとスリルを味わいたい】

十二星座は人の精神の成長過程を表しているとも言われていますので、トップバッターの牡羊座は生まれたての赤ちゃんのような、フレッシュかつ情熱的なエネルギーをまとっています。

常に今を生きているため、あまり過去は振り返らず、新しいチャレンジに向かう時にワクワクします。

その純粋すぎるほどの行動力は、時として周りを顧みずに、悪気なく突っ走ってしまうところも……。

直感力も高く、感じたことに正直なため、周りの人からは非常に分かりやすい人と見られます。

停滞感を嫌い、その時々のありのままの感性を表現できることが牡羊座さんの幸せです。

宇宙は常に進化、成長に向かっており、その波動にも敏感な牡羊座さんは、ワクワクする直感やチャレンジの内容も、自身の成長に合わせてどんどん変化していきます。

結果的に、その時々で新しい挑戦を繰り返し、気が付いたらオリジナルな人生になっている人も多いことでしょう。

牡羊座さんは、ピュアな自分らしさをどんどん発揮することで、周りの人たちにもフレッシュな刺激を与える存在となります。

♉ 牡牛座　【地球での豊かさを体験したい】

牡牛座は赤ちゃんが地球に生まれ、自分の肉体を認識し始めるエネルギーであるため、食べたり、触ったり、匂いを嗅いだりといった五感を楽しむセンサーがとても敏感です。

そして、その鋭い感覚で、この地上にある物質との関係性を心から楽しみます。

せっかく生まれてきたのだから、人間にしかない五感を満たしたい、心地良いものに囲まれた暮らしをしたい、物質的にも豊かで快適な暮らしをしたいという気持ちも強いです。

そのため、金運、特に自分で収入を得る力も生まれながらに持っています。

牡牛座さんが宇宙から授かってきた金運の源泉も、やはり五感を活用したものであることが多いのですが、プライベートの生活を満たすためにできる仕事を本業にし、安心安全を優先する人も多い傾向があります。

安定感を求める気持ちが行きすぎると、なかなか冒険ができなくなってしまう傾向もありますが、現実を見据えた長期的な目標を立てて、コツコツとマイペースで進んでいくことが得意です。

♊ 双子座　【いろんな体験をしてみたい】

双子座は子どもがおしゃべりを始める頃のエネルギーであるため、とにかくいろいろなことに興味津々。

その旺盛な好奇心を持って、新しい情報や人間関係や様々な趣味など、多様な分野にアンテナを張り、何でも体験したいという気持ちが非常に強いという特徴があります。

そのため、エネルギーは風のように軽やかで、交友関係も広く、誰とでも会話を楽しみ、話題も豊富です。

流行にも敏感で、歳を重ねても、いつまでも若々しい感性を保ちます。

また、双子が象徴するように、頭脳が二つあるかのように、同時並行で異なる物事を進めることも得意です。

逆に言うと、物事や人との関わりが広く浅く、入れ替わりが激しくなる傾向もありますが、それは双子座さんが持っている自由で快活なエネルギーと表裏一体の関係であると言えるでしょう。

♋ 蟹座　【大切な人を守り愛し合いたい】

蟹座は母性愛の重要性を一番理解している星座です。

子どもの頃は、母親や家族との心のつながりを感じることで心の安定を実感し、大人になったら、大切な人にもそれを与えたいと思います。

すべての中心は愛のある関係性だという感性があり、それを阻害されると非常に傷付きやすいという特徴があります。

母性のポジティブな面が発揮されていれば、人を守り、育み、心の安全地帯を提供できる良きサポーターとなります。

逆に、母性のネガティブな側面が発揮されると、自分と人との境界線が弱く、心配から人を支配する依存的なエネルギーとなります。

どちらにしても、相手を非常に大切に思っているということには変わりないのですが、ポジティブな面が発揮されるように感情をコントロールする力はとても重要です。

また、人によって心の器の大きさは違い、どこまでを家族と定義するかで蟹座さんが守りたいと思う範囲も変わりますが、基本的に自分にとって大事な家族や友人、仲間だと思った人に対しては、どこまでも人情を大切にします。

♌ 獅子座　【カッコよく輝きたい】

獅子座は、子どもがお母さんに対して、自分を見て見て！　とアピールし、できる限り注目を集めたいという成長段階のエネルギーを持っています。

人が関心を向けてくれている時に自分は愛されていると感じ、それが自信につながります。

そのため、注目され人から良く見られるための努力なら、人一倍頑張れる生粋のパフォーマーでもあります。

それがカリスマ性につながったり、ナルシストになったりもするのですが、自分が自分らしく、カッコよく存在すること、そしてそれを認められることが人生の喜びとなります。

人を楽しませたり、笑わせたりすることも大好きです。

獅子だけに百獣の王ライオンらしく、自分の価値観の王国の中で輝ける居場所を見つけられると、とても満足度が高く、生きている実感に酔いしれることができます。

♍ 乙女座　【地球を綺麗に整えたい】

乙女座は分別や自制心が付いてくる成長段階で、とても配慮があり、きちんとしたエネルギーをまとっています。

教えられたことを守り、いろいろな学習も器用にそつなくこなすため、とても仕事ができる人と見られる傾向があります。

そして、物事が整理整頓されていて秩序立っていると安心できます。

逆に、そうでない雑然とした状態を見ると批判的になります。

神秘学の世界でも、宇宙は秩序が善で混沌（カオス）が悪であるとされています。

物事を的確に分析して整理する能力を持ち、人一倍カオスに敏感な乙女座さんは、地球の秩序を増やす役割があるのかもしれません。

家の中もきちんと整理整頓している人が多く、また、身体の健康もすべての機能の調和と秩序を整えることから来ているため、健康にもよく気を配る傾向があります。

♎ 天秤座　**［世界を美しい調和で満たしたい］**

天秤座以降は主観の世界から出て、自分と人との人間関係がテーマとなっていきます。

天秤座の天秤は、正義を求める秤のエネルギーを表し、調和とバランス感覚を非常に重視します。

誰かが不当に得をして誰かが不当に損をするような人間関係を嫌い、お互いにとって良い、公正な関係を好みます。

調和が取れているかどうかをしっかりと見極められるように、天秤座は非常に優れた客観力を持っています。

自分の視点だけではなく、相手の立場に立ってみたり、いろいろな視点から物事を見たりして、理解しようと努めます。

それが行きすぎると八方美人になって、疲れてしまうこともありますが……。

調和とは、適切なところに適切なものが収まっている状態であるため、天秤座はTPOに合わせて人に何かを選んであげたり、最適なものを紹介したりという美意識がとても高く、十二星座イチ、センスが良い星座とも言われています。

♏蠍座　【深く狭く世界を味わい尽くしたい】

蠍座は、生まれながらに霊感体質なのでは？　と感じるほど、鋭い洞察力を持っています。

その洞察力がどこから来ているかと言うと、やはり冥界とのコネクションから来ていると言わざるを得ません。

なので、蠍座さんに社交辞令やごまかしは通用しませんし、蠍座さんは本音で深く付き合える人間関係や仕事を求めています。

じっくり時間をかけて人や物事と関わり、その本質を味わい尽くすまでは決して離さないという執念深さから、職人や研究者気質であるとも言われています。

反対に、もうこれ以上は何もないな、というほど味わい尽くして納得したら、完全に興味をなくしてしまうような極端なところもあります。

それが、蠍座が死と再生を司ると言われている所以です。

物事に流行りすたりがあるように、蠍座さんの中のサイクルも、とても情熱的に破壊と再生を繰り返し、感性に奥深さを与えていきます。

♐ 射手座　【見聞を広げ精神性を高めたい】

射手座のエネルギーは、飛んでいく弓が象徴しているようにとても軽やかで、できるだけ遠くまで見聞を広げたいという願いがあります。

ここではないどこか、今の自分とは違う素晴らしい誰かになりたいという高い志を持つことによって、世界と積極的に関わろうとする情熱が湧き上がってきます。

そのため、射手座さんの性質は明るく、自由で好奇心旺盛。

いろいろなことを受け入れながら自分の器を広げたいという包容力もあるため、クラスの人気者タイプであり、そして歳を重ねると、後輩からも人気がある優しい上司タイプとなります。

若い頃にいろいろと見聞を広げておくと、晩年はそれを元に、自分なりの深い哲学を持つようになり、老賢者の風格を醸し出します。

♑ 山羊座　【世界を実用的に機能させたい】

山羊座は、世の中で大成するぞ！　という大きな野心を秘めたエネルギーを持っています。

そのエネルギーは、大きく分けて二パターンの方向性として表れることが多く、一つ目は大きな組織、既存のシステムの中で頭角を現そうとするタイプ。

二つ目は自分で登る山、目標を決め、そこを脇目も振らずにガシガシと登っていくタイプです。

そのため、日本の中小企業の社長さんやオリンピックのメダリストは、山羊座率が高いという統計結果もあります。

どちらにしても山羊座さんの成功は、長期的な目標に基づいた、絶え間のない努力の上に成り立つものであることが多く、社会の中で上りつめるという意味での野心は、もちろん十二星座イチとなります。

では、なぜそれほどまでに社会で認められることを重視するのかと言うと、山羊座さんにとっての成果の定義が、現実的かつ具体的で、実際に人の役に立つかどうかを重視しているからに他なりません。

そのような現実的な成果を上げられる人は、結果的に社会で認められる人になっていくのです。

そのように現実と向き合う力が強い反面、自分の感情や相手の感情に対する接し方には、不器用な一面も持ち合わせています。

♒ 水瓶座 【新時代を牽引し世界を変えたい】

水瓶座は、山羊座までで作られた社会の常識や枠組みから脱出し、そこを超えて一人一人を活かしていこうという個性主義のエネルギーをまとっています。

そのため、独立心と、他者に対してのリスペクトを重視します。

自由、平等、博愛。

この三つが水瓶座が大切にしたいポリシーであるため、様々なマイノリティー、LGBTや人種、国籍などに対しても、非常に寛容な態度を見せるボーダレス時代の申し子とも言えます。

また、最新技術に対しても寛容で、人とAI、ロボットとの垣根をも積極的に壊していこうとする先駆者となるでしょう。

イデオロギーがハッキリとしている水瓶座の人は同じ志を持つ仲間たちとコミュニティーを作る能力にも長けています。

二〇二〇年の年末からの風の時代は、水瓶座の二十年間からスタートしているため、これからの時代に求められる発想や在り方を示すリーダーの役割を、宇宙から任されているのかもしれません。

♓ 魚座　【世界を愛で癒やしたい】

魚座は、水瓶座時代の個性をも包括した、ワンネス、愛の世界へと私たちをいざなうエネルギーです。

物質世界の中で奮闘しながら、自己を創り上げることを学んでいる私たちの魂は、魚座の心地良い集合的無意識の世界に帰りたいと、いつも無意識に望んでいるのです。

物質世界に遣わされた魚座の性質を持つ人々は、疲れた人々の心を癒やす生粋のヒーラーであり、物質よりも本質的で大切なものを思い出させてくれる心のオアシスのような存在です。

魚座さんの感覚は現実社会とは相入れないことが多いため、まだまだ現実主義、資本主義の風潮が強い今の世の中では肩身が狭いと感じたり、同じ土俵で頑張ろうとすると疲れてしまったりすることもあります。

魚座さんが地上でその役割を果たすには、同じ土俵で勝負せず、その土俵で闘って疲れた人々を癒やす役割を担うことがお勧めです。

その方法は人によって様々ですが、アーティスティックな感性を活かして、ファンタジーや音楽、芸術、マッサージ、ヒーリング、スピリチュアルなことなど、目に見えないものを取り扱うのが得意な方が多いようです。

十二ハウスの意味

いよいよ最後に、地球に降り立つ前の天体の個性に、もう一味、ハウスというトッピングを加えていきます。

十二ハウスは、十二星座の宇宙的なエネルギーを、もっと地球的な分野に落とし込んだエッセンスのようなものです。

天体、星座、ハウスの三つの要素を組み合わせることで、あなたのカードの人物の個性と役割が完成します。

それでは、各ハウスのキーワードを簡単にご紹介していきますので、そのキーワードの中から、最もよくあなたの個性を表していると感じるものを一つ選んでみてください。

1ハウス

自分らしさ全開の、チャレンジ精神旺盛な、積極的な

2ハウス

豊かな収入を生み出す、五感で世界とつながる、安定志向の

3ハウス

好奇心旺盛な、発信力強めな、コミュニケーション好きな

4ハウス

アットホームな、人情深い、心の拠り所を求める

5ハウス

カッコよくありたい、注目されたい、創造力豊かな

6ハウス

整理が得意な、分析好きな、繊細な、人の役に立ちたい

7ハウス

バランス重視の、美意識が高い、社交的な

8ハウス

本質を見抜く、粘り強い、深くつながりたい

9ハウス

理想が高い、探求心旺盛な、器が大きい、人を導く

10ハウス

現実的な、野心がある、忍耐強い、実用性を重視する

11ハウス

個性的な、革命を起こしたい、コミュニティーを作りたい

12ハウス

癒やし系の、夢見る、境界線を取り去りたい

あなたのカードを作ってみよう

さあ、これでカードに必要な情報がほぼ出揃いました。

ここからは、いよいよカードの作り方をご説明していきます。

まず、先ほどの天体表のハウスの欄に、各天体のハウスに対応するキーワードを書き入れてみてください。


そうすると、各天体のキャラクターのイメージがだんだんと湧いてくるのではないでしょうか？

例えば、私の天体はこんな感じです。

あなたの天体表

天体（担当分野）		ハウス		星座（天体）
個人天体（人間意識）	月 （心、プライベート）	人の役に立ちたい	6	牡牛座
	水星 （左脳的な情報処理）	心の拠り所を求める	4	魚座
	金星 （右脳的な楽しみ）	創造力豊かな	5	牡羊座
	太陽 （目指したい自分らしさ）	創造力豊かな	5	牡羊座
	火星 （行動力、仕事力）	創造力豊かな	5	牡羊座
社会天体（宇宙意識）	木星 （拡大、発展）	革命を起こしたい	11	天秤座
	土星 （克服したい課題）	革命を起こしたい	11	天秤座
	天王星 （飛躍のポイント）	チャレンジ精神旺盛な	1	蠍座
	海王星 （神意識）	豊かな収入を生み出す	2	射手座
	冥王星 （ハイヤーセルフ）	革命を起こしたい	11	天秤座

今世のテーマは？

のちほどまた詳しくご説明しますが、**最初の五つの天体が個人天体（人間意識）、あとの五つの天体が社会天体（宇宙意識）**となっています。

何となく、人間意識と宇宙意識のテーマの違いのようなものを感じる人もいるかもしれませんし、ざっくりと、自分の魂が今世で求めていることはこんなことなんだなと、全体を見て直感した人もいるかもしれません。

この時点での直感で構いませんので、全体を見て、**私は何をしにこの地球に生まれてきたのか？**

そのテーマを書き込めるようなら、天体表の下の部分に書き込んでみてください。

まだピンと来ない場合は、今は空欄のままにしておいても大丈夫です。

ちなみに、私は宇宙意識の五つの天体の意志を汲み取ると、天秤座と射手座のエネルギーが非常に強く「不平等な世の中を終わらせに来た」という直感が降りてきました。

このように、宇宙意識の天体に意識を向けると、人間意識から見たら、何と大それたことを……という気持ちになるようなメッセージが降りてくることは珍しいことではありません。

それだけ、宇宙意識はスケールが大きいですし、私たちの無意識の中には、そんな宇宙意識の望みもしっかりと入っています。

そして、そんな宇宙意識を、今できる範囲で少しずつ具現化するだけでも大きな前進となります。

それぞれの天体のエネルギーを感じ取れたら、カードにご自身の天体のキーワードを書き写していきましょう。

[例]

※こちらは次ページ以降をご参照の上
ご記入ください。

十二星座の分類

最後に、カード同士の相性を読み解く際に必要な情報を追加しておきます。

星座にはそれぞれ、**男性性、女性性の分類**があります。

分類は次の通りとなっていますので、カードの左下の欄に各星座の性別を書き入れてください。

男性性の星座

牡羊座、双子座、獅子座、天秤座、射手座、水瓶座

女性性の星座

牡牛座、蟹座、乙女座、蠍座、山羊座、魚座

次に、最後の章で相性を占う際に必要な**四大元素のグループ分け**を、カードの右下の欄に書き入れておきましょう。

火

【情熱・陽気・楽天的でエネルギッシュ・右脳的な直感力】

牡羊座、獅子座、射手座

風

【理性・論理・社交性・流行・最新技術】

双子座、天秤座、水瓶座

地

【現実的・努力家・堅実・安定感・信頼感】

牡牛座、乙女座、山羊座

水 【感情・感性・情緒的・受け取る力・共感能力】

蟹座、蠍座、魚座

これでソウル・カウンセリング・カードの完成です！

ソウル・カウンセリング・カードの作り方

サンプルのホロスコープを使って、「月」のカードを作成するとこの様になります

ホロスコープを作成します。「月」のハウス、星座を確認します。

天体表の「月」のスペースに、ハウスに当てはまるキーワードを選んで入れましょう。星座も併せて入れます。

天体表を見ながら、カードにも情報を書き込めば出来上がり！

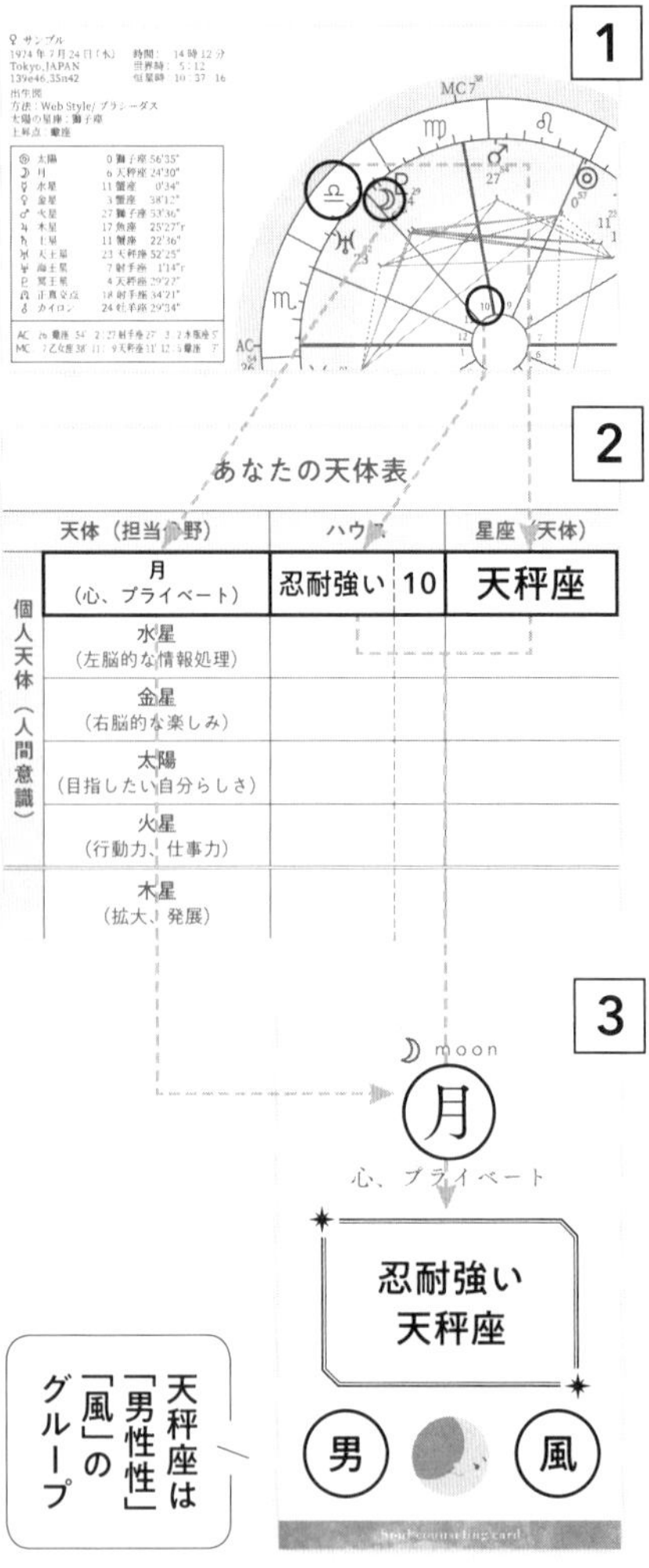

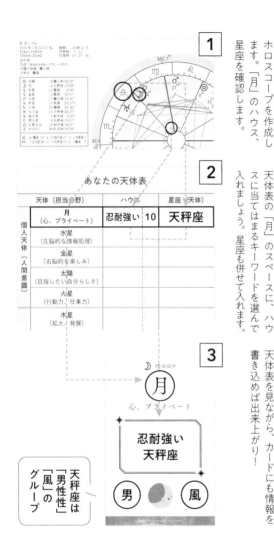

chapter 03

これであなたも占いソウルカウンセラー！

Now you are a fortune-telling soul counselor!

人生ゲームの攻略法を大公開

ソウル・カウンセリング・カードを使う目的

それでは、ここからは作って頂いたソウル・カウンセリング・カードの使い方について、詳しくお話ししていきます。

あなたが星読みの占い師さんに何かを相談しに行ったとします。

そうすると、占い師さんはホロスコープを見ながらいろいろとアドバイスをしてくれるはずですが、**同じ相談でも、占い師さんによって鑑定内容やアドバイスがぜんぜん違うな、**と思ったご経験はありませんか？

いろいろな占い師さんに相談した経験があればあるほど、うなずけることかもしれません。

そして、占いの世界は国家資格も、何が正確な占いなのかの基準もないため、どれを信じるかはあなた次第ということになり、結果的に多くの人が、信じたいことを信じることになります。

それで背中を押されて前向きになれるようなら問題ありませんが、中には、自分を気に入ってもらうために耳ざわりのいいことばかりを言って、リピーターにするのが上手な占い師さんもいるので、そのあたりは注意と客観的な判断力が必要です。

また、占い師さんに言われた中で信じたいことを信じるということは、**普段の自分の思考範囲の中で同意できる考え方をピックアップしている**に過ぎないため、視野を広げたり、変化、成長していくところまではなかなか行き着くことができません。

そもそも、現代では占いに行く時に、**自分を変えよう！　成長のためのヒントとなる新しい視点を得よう！**　と思って行く人自体がほとんどいないので、そこは問題にもならないのですが……。

本来、神秘思想学徒の間では、占星術は自分と深くつながり、精神性を高めるための必須科目とされていた時代がありました。

そのような視点でホロスコープと向き合うことによって、修行者たちは、最終目標として**〝みずからの星を超える〟**ことを目指していました。

それはすなわち、本書でも目指しているハイヤーセルフの視点、宇宙から地球を見下ろす視点を身に着けることでもあります。

古代においては、占い師は、人々が人生の要所要所で相談に行き、方向性を指し示してくれる賢者でもあったのです。

私はそのような直感と志を持って占いの世界に入ったのですが、古代の世界観と、現代の占いの使われ方が、あまりにも違っているのに衝撃を受けました。

そして逆に、ハイヤーセルフが私に占いの道に行くようにと導いてくれたのは、そのような役目が用意されていたからなんだと、腑に落ちたのも事実です。

あなたの運命の指定席を見つける時も、**なぜこんな大切なことを誰もやっていないんだろう？** という感覚があるかもしれません。

それはあなたの役目だからなのです。

そして、その役目に従ってみた結果、あれよあれよという間に運とご縁を頂き、こうして書籍という形で皆様と情報をシェアする機会を頂くことができました。

少し話が逸れましたが、そんな経緯で、私はここ数年、**どうしたら一番効果的に古代の知恵を現代に蘇らせ、日常的にハイヤーセルフとつながる人が増えるだろ**

それをやるために生まれたんだから当然だよ〜
アレッ?! これ誰もやってないわ…

うか？　というテーマに取り組んできました。

そうこうしているうちに、私の今のスピリットガイドであるトート神の意識とつながり、いろいろなヒントをもらいながら本書を書いています。

私がトート神から受け取ったインスピレーションによると、重要なことは、このソウル・カウンセリング・カードを使いながら、古代の神秘思想の学徒たちが取り組んでいたように、ご自身の中でも占い師の思考プロセスを再現できるようになることです。

それをトレーニングすることによって視点が上がり、ハイヤーセルフの意識ともつながりやすくなっていきます。

現代のように、誰かの感性を通した答えを与えられる受け身の占いではなく、

より自分と深くつながった答えを導き出せるようになること自体が大切なのです。

そうして出した答えは、合っている、合っていないの領域を超えて、内側から湧いてくる確信に満ちています。

それが**〝星を超える〟**ということなのではないでしょうか?

古代の賢者のように、本当にあなたのことを考えてくれて、とても精神性の高いアドバイザーであれば、その人から答えをもらったほうが早いし簡単!　という側面もあるかも

〝星を超える〟のイメージ図

しれません。

しかし、実際にはそんな人に出会うのは簡単なことではありませんし、仮にそんな人からとても視点の高いアドバイスを頂いたとしても、その時点で受け取り側の理解が追い付いていなければ、結局あまり人生は変わらないということにもなります。

つまり、これは私自身も実感していることですが、人生に近道はないということです。

自分としっかりと向き合い、自分をよく理解し、本当に親身になって自分を導けるのは自分しかいません。

そんな意識を持って人生をドライブしていくことによって、社会の中での経験値が上がり、いろいろな失敗や痛手も経験しながら精神性を高めていくのが、本当は一番の近道であったりもします。

すると、その内に、自分の内側に存在する賢者であるハイヤーセルフの意識と出会うことになります。

しかしながら、自分と向き合ったり、何かを判断したりする際に、闇雲に模索するよりも、何かの道しるべがあったほうが効果的に探究を進めることができるのは確かです。

そのためのツールの一つとして古代からの知恵を織り込んだ、ソウル・カウンセリング・カードをご活用頂ければ幸いです。

占い師の鑑定プロセスを言語化すると

一般的にすべての占い師さんがこういう思考プロセスを踏んでいるかどうかは分かりませんが、私の鑑定では次のような、大きく分けて四つの思考プロセスを経てアドバイスを導き出しています。

①ご自身や相談者さんのホロスコープを出したら、すでに作って頂いたソウル・カウンセリング・カードのようなデータを頭の中で作ります。

②その魂がどのような目的の人生マップを持ってきたのかをざっくりと理解します。

(人生マップの理解については、このあとの生命の樹で詳しくご説明します)

③今現在のご相談内容から、魂の青写真であるホロスコープと、その方の今の物の見方や性格がどれだけ一致しているか、あるいはズレているかを観察します。

(お医者さんで言うと、健康という理想の状態と、現状の差を確認する診察のようなものです)

④今現在の悩みを解決する、もしくは何かの決断を下すための判断基準となるのは、**その方の魂の目的から見てどうなのか**、の一点のみです。

その方の魂の目的から見て、今どんな判断をすればベストかを考えてご提案します。

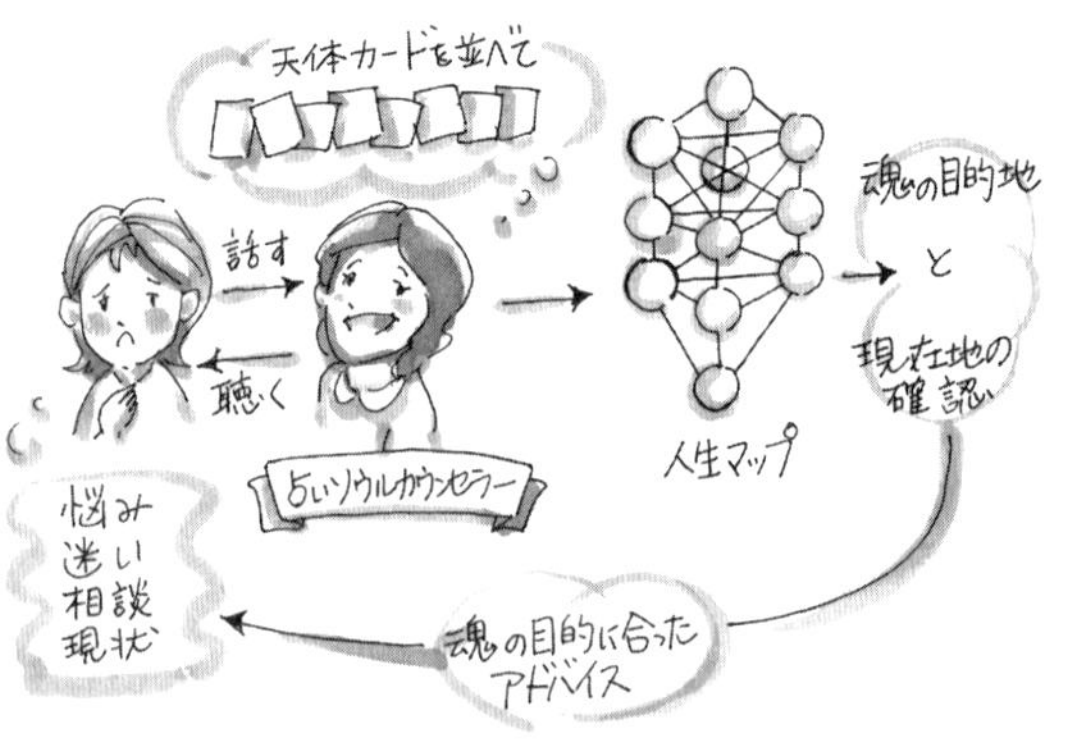

鑑定する際の注意点としましては、自分に対してもそうですが、人に対して鑑定する際にも、**できる限り自分の感情や自分基準のモラルは入れずに心の距離を保ち、カードから読み取れることをそのまま伝えるということです。**

カードを通してこれを行うことで、自分のことでも、他者のような客観的な視点を保ちやすくなります。

この精度を上げるためには、普段から魂からのメッセージを受け取る意識を持つことと、心の柔軟性を高めていくことが重要です。

この時、その方の魂と、現状の思考のズレが大きければ大きいほど、その方がカードからのアドバイスを理解し、受け入れるのに時間がかかる傾向があります。

優れた占い師さんとは、④の診断の正確さもさることながら、このズレの間に立って両者を調整する説明能力や、コミュニケーション能力が高い人だと思います。

魂意識と人間意識との間は、まさに異文化コミュニケーションです。

その違いを簡単に言うと、魂意識は、人間意識の常識の良し悪しや感情とは無関係なところに存在しています。

魂意識の目的は宇宙の目的と同じ、進化、成長です。

そのために宇宙は（人間意識から見たら）無慈悲とも思えるような災害を起こしたり、不幸な境遇に魂を置いてみたりします。

少しややこしいな、と感じたかもしれませんが、まずは**魂意識と人間意識は別々**

に存在しているということを理解して頂けるだけでも十分です。

あなたの個性を客観的に把握する

ソウル・カウンセリング・カードの目的と、使い方の流れが確認できたところで、実際にご自身のカードを並べてみましょう。ここでの並べ方に決まりはありません。

ここまでで、このカードは私をよく表しているけど、このカードはピンと来ないな、というものもあるかもしれません。

無理に当てはめようとしなくても大丈夫ですので、今の正直な印象をそのまま受け取っておきましょう。

ちなみに、場合によっては、**持っている星座の性質の悪い面が表に出ているタイミング**もあります。

それは慢性的なこともあれば、短期的に何かピンチに陥った時に思わず悪い面が出てしまった、という場合もあります。

各星座の悪い面がどのように出てくるのかについては、基本的には先ほどの**十二星座の特徴の裏返し**と考えて頂ければと思いますが、念のため、こちらでも簡単に裏目に出た時の性質を上げておきます。

十二星座のダークサイド

♈ 牡羊座

せっかち、周りを顧みない、時期尚早、怒りっぽい

♉ 牡牛座

物欲に囚われる、現実的すぎて可能性を感じられない、変化を拒む

♊ 双子座

浮気っぽい、思慮が浅い、机上の空論になる

♋ 蟹座

感情的な不安定、自信がない、依存心が強い

♌ 獅子座

うぬぼれ、傲慢、偉そうに威張る

♍ 乙女座

神経質、あら探しをして指摘する、悲観的で心配性

♎ 天秤座

一貫性に欠け迷いやすい、虚栄心に囚われる、人に合わせすぎる

♏ 蠍座

執着心が強い、自己の過大評価、行きすぎた熱狂や情熱

♐ 射手座

間違った盲信、気が変わりやすい、エネルギーの分散

♑ 山羊座

頭が固い、ご都合主義、報われない忍耐を続ける

♒ 水瓶座

反抗心、変わり者、理論・理想に偏る

♓ 魚座

現実逃避、自己犠牲、何かに依存して溺れやすい

以上のような性質が良い面よりも目立っているな、と感じた場合は、カードを逆位置（逆さま）に置いてみてください。

そうすると、今はその星座のダークサイドが出ているというのが一目で分かるようになります。

一生ものの人生マップ・生命の樹で魂の計画を知る

生命の樹とは

生命の樹はＰ１２６の『生命の樹』の絵の中にある図のような図形を指し、これはユダヤ教の秘教カバラの教えの中心的な思想であると言われています。

カバラ（קַבָּלָה, qabbalah, Kabbala, Cabbala）とは、ヘブライ語の動詞キッベール

「受け入れる」「伝承する」の名詞形で、「受け入れ」「伝承」を意味します。

旧約聖書の『創世記』には、ユダヤ民族の父であるアブラハムがセイラム（エルサレムの古名）の王であり、最高位の神官であるメルキゼデクから最初にカバラの教えを受けたとありますが、それが歴史的事実なのか伝説なのかは、未だに明らかではありません。

カバラの教えは、伝統的には長年の精神的な修行を経て、ラビと呼ばれる指導者によって、そのレベルに達したと認められた者だけが口伝で授かれる密教のような教えであったと言われています。

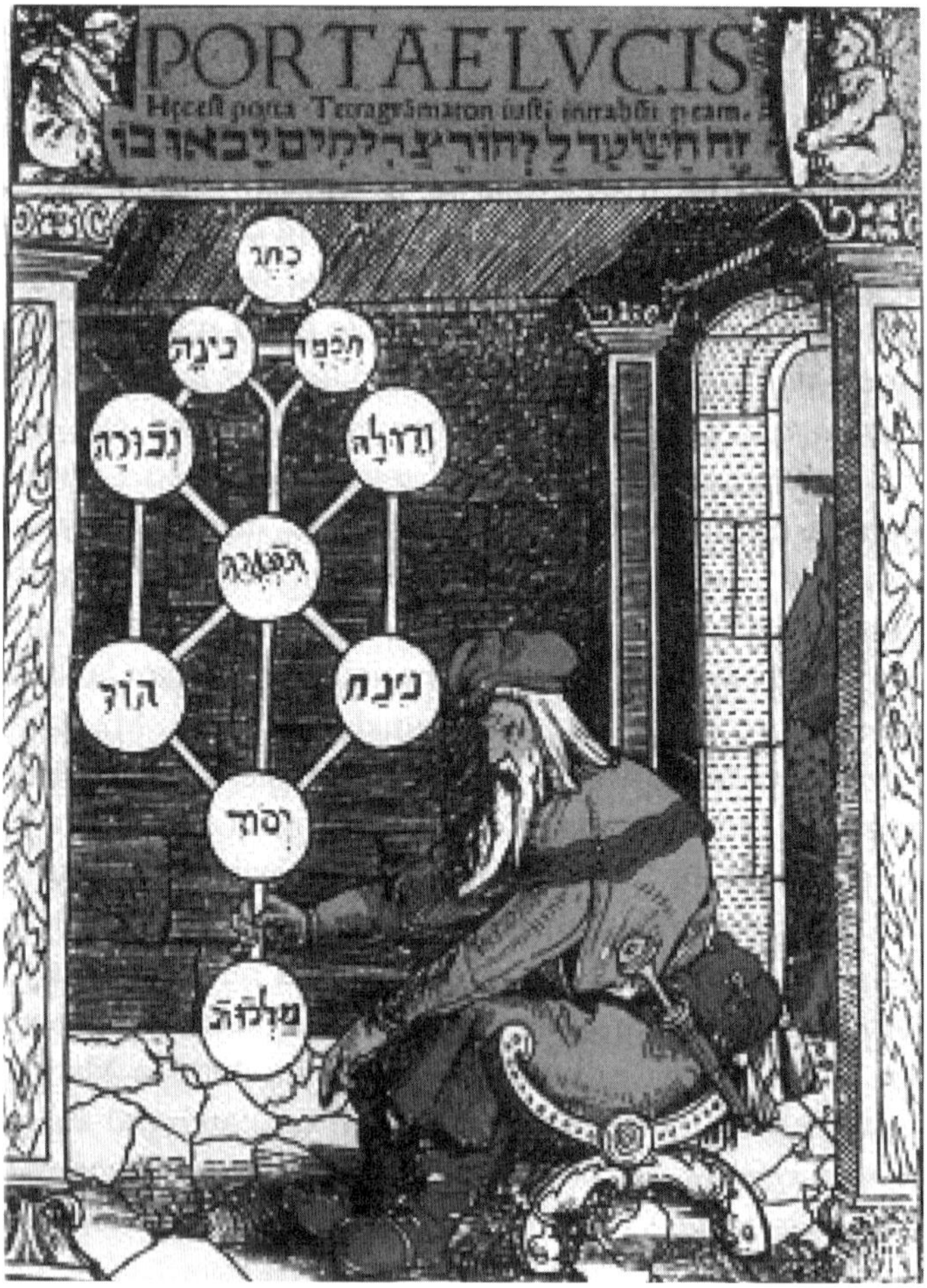

『生命の樹』（出典：Wikipedia）

『アブラハムとメルキゼデクの会見』（ディルク・ボウツ、1464-1467）
（出典：Wikipedia）

その後、仏教もそうであったように、様々な人々の解釈や流派が生まれ、正統派とされるユダヤ・カバラの他にも、クリスチャン・カバラ（キリスト教徒が新約聖書に基づいて解釈しようとしたもの）、ヘルメティック・カバラ（ルネサンス期から現代に至るまで様々な神秘思想や魔術の知識を合わせたもの）などが生まれていきました。

そのため、ユダヤ・カバラのみが正しいカバラの教えだ、とする主張もあるようですが、仏教で考えてみると、比較的源流に近いブッダの教えをまとめたとされる原始仏典のみが仏教の教えとして正しいのか、という議論と似ているように感じられます。

それについての答えは人によって様々だと思いますが、私はいろいろな流派の思想を学んで理解を深めることが大好きです。

ありがたいことに、今ではカバラ関連の書籍は日本語に訳されているものだけでもかなりの数に上り、何十年にもわたる厳しい修行の道に入らなくても、その叡智の一端を垣間見ることができます。

それらの情報の中から、直感的に自分にとって真実だ、と感じられる叡智を取り入れることができるという点において、書籍はとても自由に私たちの好奇心を満たしてくれるものです。

私はたまに、アメリカからライブ配信で行われる宇宙存在バシャールのセミナーを聴講するのですが、質疑応答の際に、バシャールが何度か「あなたは宇宙存在とのことですが、本物ですか?」というような質問を受けているのを聞いたことがあります。

その時にバシャールが、**「その情報が誰からもたらされたのか、ということより**

も重要なことは、その情報があなたにとって実際に役に立つかどうかです」とおっしゃっていたのが印象的でした。

カバラの教えもこれと同じで、今となっては誰から来たのか、どのように伝達されて自分の元へ届いているのか、その源流を明らかにすることができない以上、**「その情報が実際に役に立つかどうか」**という態度で主体的に接するのが良いのではないかと思っています。

もちろん、カバラは知識だけでは不十分で、**実際に瞑想や人生の中での実体験を繰り返しながら精神性を上げていくための、生きた教え**であることは重要なポイントです。

しかしながら、本書で少しだけでもカバラの教えのエッセンスを感じて頂き、あなたの人生や宇宙の見方が広がればいいなという想いで、まだまだ未熟ながら、私が学んで経験してきたカバラの生命の樹の使い方を簡単にご紹介させて頂ければと思います。

巻末にカバラ関連のお勧めの書籍を掲載させて頂きますので、さらに深く学びたいという方は、ぜひそれらの専門書もご参考にされることをお勧めいたします。

私のカバラとの出会いは、占い師になるために、タロットや占星術を学び始めたことがきっかけでした。

それらの占術の背後に広がっている哲学、世界観があることを知り、より深くタロットや占星術を読み解けるようになりたくてカバラを学び始めました。

前述しましたが、**私の占いの目的は、見えない世界（宇宙意識）と見える世界（人間意識）を調和させ、魂レベルの開運の道を探ることです。**

その目的を持ってカバラを学んでみると、まさにカバラもそのような目的で伝承されてきたのだということが分かります。

さらに、**生命の樹と占星術の星を対応させる伝統的な手法**は、より鮮明に私たちに宇宙からの意志を感じさせてくれます。

カバラ神秘学や占星術の教えの根幹にあるのが、

上にあるが如く下にもある

という考え方で、これは天体などから来る宇宙エネルギーの振動が私たちの身体や精神とも響き合い、影響し合って相似形を成しているという考え方です。

マクロコスモス（大宇宙）とミクロコスモス（小宇宙＝私たち）は、つながり

合った同じものなのです。

生命の樹は**宇宙の創造原理**を表しており、私たちの人生や、この世に存在するすべてのものの創造原理をも表すことができるとされています。

生命の樹と、私たちが生まれ持った星のエネルギーを対応させることで、**私たちの人生が宇宙の中でどのような目的と流れを持って創造され、この世に誕生したのかを読み解くことができます。**

そして、宇宙からこの世界に下ってきた道順をそのまま上に上ることによって、再び宇宙と一体の世界に戻ることが

できるとされています。

旧約聖書の『創世記』には、有名なエデンの園の神話が描かれていますが、その中に出てくる生命の樹の実を食べると、神に等しき永遠の命を授かれるとされています。

逆に、アダムとイブが知恵の実を食べて楽園を追放され、人間界に落ちたという逸話は、私たち人間に思考（自我、人間意識）が備わったことによって波動が落ちて物質世界に入ったことを示唆しています。

カバラの修行者たちが目指したのは、修行を重ねて生命の樹を精神的に登り切り、元の楽園に戻ること。

宇宙意識と同じ波動域に到達し、生も死もない神に等しき永遠の意識を授かることなのです。

持って生まれた天体と生命の樹の人生マップを作ることによって、個人個人に課せられたテーマや登り方をイメージすることができます。

それは一生ものの道しるべとなり、人生の様々なステージにおいてヒントを与えてくれる指針となることでしょう。

生命の樹で人生の創造原理を紐解く

それではこれから、実際に生命の樹とあなたの星がどのような関連で配置されているのかを見ていきましょう。

生命の樹は、一〇個のセフィラと呼ばれる球体と、一個の隠されたセフィラ、二二本の小径（パス）でできています。

セフィラの複数形はセフィロトと言い、ユダヤ・カバラでは生命の樹はセフィロトの樹と呼ばれています。

これからあなたの人生の創造原理を紐解いていくために、ソウル・カウンセリング・カードを各セフィラに当てはめる形で配置して頂きたいと思います。

そのために、一一個のセフィロトの意味と、それに対応する天体についてご紹介していきます。

まず、生命の樹よりも前に、宇宙には非存在と呼ばれる三種類の無があったと言われています。

アイン　無　0

アイン・ソフ　無限　00

アイン・ソフ・オウル　無限光　000

このように表される状態です。

その中のアイン・ソフ・オウルから、生命の樹の一番上にあるセフィラにエネルギーの流出が起こります。

そこから、以下の一一個のセフィロトが順に誕生していきます。

生命の樹

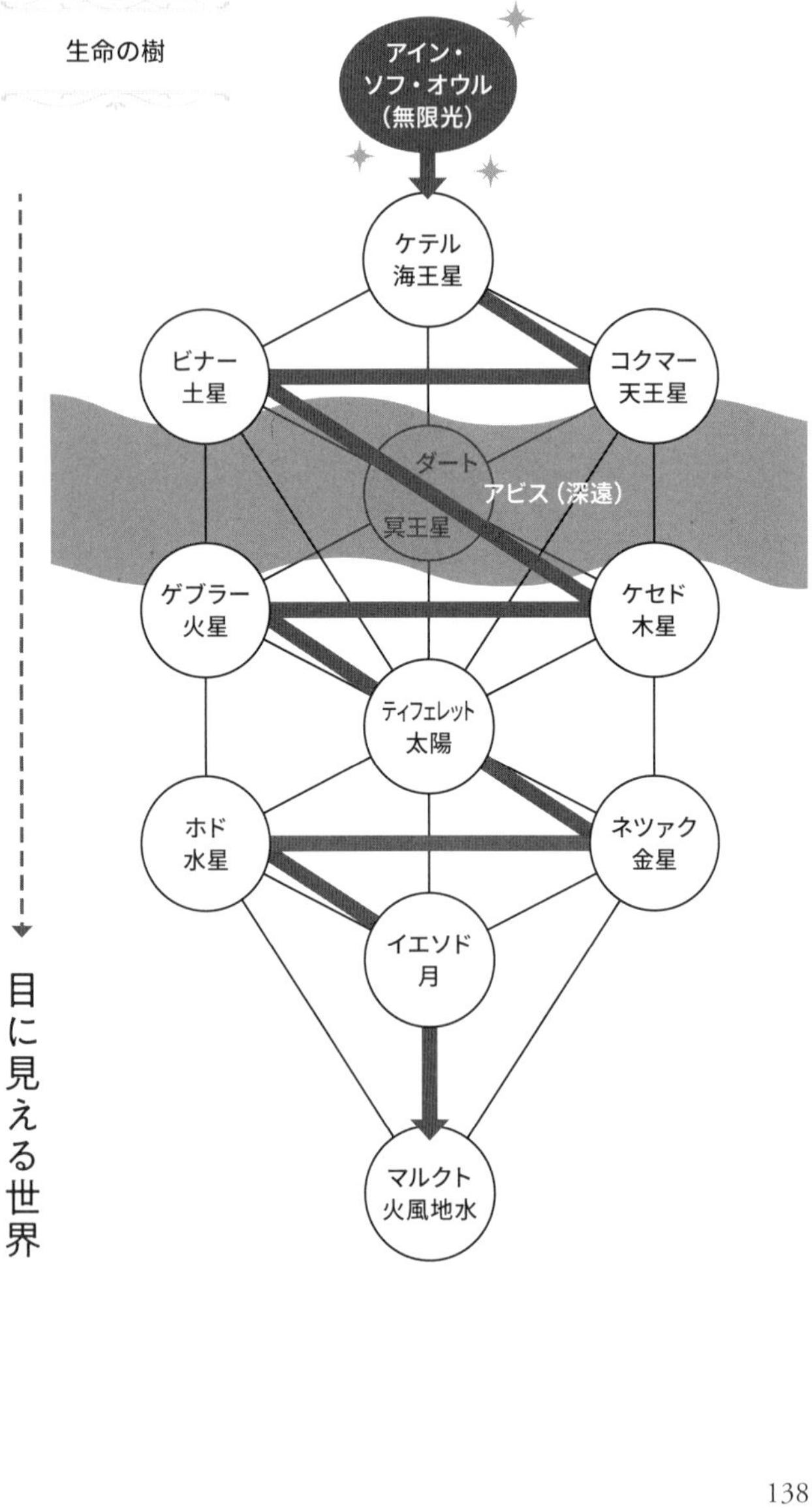
アイン・
ソフ・オウル
（無限光）
ケテル
海王星
ビナー
土星
コクマー
天王星
ダート
冥王星
アビス（深遠）
ゲブラー
火星
ケセド
木星
ティフェレット
太陽
ホド
水星
ネツァク
金星
イエソド
月
マルクト
火風地水
目に見える世界

第一セフィラ・ケテル（王冠）

ケテルは陰と陽に分かれる前の**ワンネスの宇宙意識、あなたの霊的な本質**です。

対応する天体は**海王星**で、あなたの人生の中でも最も抽象度の高い**神との契約内容（自分との約束）、生まれてきた目的**を表しています。

神との契約内容は非常に抽象的なものです。

その抽象的な内容をどのように地上に降ろして具現化するのかは、このあとの各セフィラの働き方次第とも言えます。

また、人との出会いや別れも、ケテルのレベルで決めてきた契約の磁力が働いているともありますが、**契約は自由意志によって破棄も延長もできることになっています。**

出会う予定だったソウルメイトに出会えなかった、人生の目的を果たせなかった、ということが起きるのは、人間に与えられたこの自由意志によるものです。

ケテルのエネルギーは完全に中立で、善も悪もなく、動きもない存在状態であるためです。

人間は、陰と陽に分かれて揺れ動いているものしか知覚できないため、ケテルを認識するのは簡単ではありませんが、純粋な存在としていつでも今ここに遍在しているのです。

まずはソウル・カウンセリング・カードの海王星のカードを、生命の樹の図を

参考にしながら一番上に置き、そのあとのカードも順番に配置していきましょう。

第二セフィラ・コクマー（叡智）

コクマーは**宇宙の父なる男性原理**で、制限するものが何もない、最も神的でダイナミックな動的エネルギーを表しています。

方向性を持たず、内側から湧き上がってくる爆発的なエネルギーとして感じられることもあり、芸術家などの創造性のエネルギーの源泉でもあります。

対応する天体は**天王星**で、あなたの人生の中で起こる飛躍や革命のエネルギーとして作用します。

飛躍のためには神意識からの閃き、インスピレーションが欠かせませんが、そのエネルギーはここを通して来ているのです。

ただし、インスピレーションは、そのままにしておくと一瞬で花火のように消えてしまうものでもあるため、忘れないうちに形に落とし込む必要があります。

それが次のセフィラ、ビナーに流すということですが、日常生活でもコクマーの閃きが来たら、実際にやる・やらないは別にして、すぐにメモをするなどして受け止める習慣を付けることで、神意識からのインスピレーションを実感することができます。

第三セフィラ・ビナー（理解）

ビナーは**母なる宇宙の女性原理**で、コクマーからのエネルギーを受け取り、形にするエネルギーを表しています。

対応する天体は**土星**で、**安定性と具体性**を与えます。

インスピレーションを宿しておく子宮のような役割とも言われ、物事が具現化するにはまだいくつもの過程を経る必要があります。

ビナーは、上から・下からの両方のエネルギーを受け取り、それを繰り返すことによって法則やパターンとして理解します。

おばあちゃんの知恵袋の中には、長い人生経験の中で生み出された真理が含まれていたりしますが、ビナーの理解の力を使って生み出されたものは普遍性を帯びています。

コクマーとビナーは一対となって初めて働きます。

コクマーのエネルギーは無限の可能性があり、何にでも変幻自在ですが、ビナーによって形を与えられることで、その可能性は大きく制限されます。

それでも、その過程を経ることなくして物事が物質界に生まれ出ることはないのです。

また、物質界に生まれるということは、時間制限が設けられ、いずれは死を迎えるということでもあります。

ブッダは生老病死を理解し、この圧倒的な真理を受け入れ、執着を手放すことで苦しみから解放されると説きました。

それは、このビナーの原理を理解する、ということなのかもしれません。

男性性の元型であるコクマーと、女性性の元型であるビナーは、両性具有であるすべての魂の中に存在していて、必要に応じて絶えず入れ替わるエネルギーです。

その両方のエネルギーのバランスを取ることで、神意識から流出した無限のエネルギーを物質世界に誕生させていくことができます。

アビス（深遠）と隠れたセフィラ・ダート（知識）

ここまで見てきたケテル、コクマー、ビナーは、合わせて**神意識の三つ組**とも言われ、**宇宙の最初の創造原理**を表しています。

そして、これ以降の六つのセフィロトは、私たちが生きている人間意識の世界（マトリックスの世界）に位置します。

神意識と人間意識の間には深い溝があると言われていて、その溝のことをアビス（深遠）と呼びます。

神意識の世界はアビスのヴェールによって隔てられているため、通常の人間意識では知覚することが難しくなっています。

それでも、精神的に生命の樹を登っていく過程で、いずれはこのアビスを超える時がやってきます。

アビスを超えるためには、人間社会で身に着けてきたすべてのエゴをそぎ落とし、宇宙意識と波長が合った状態になる必要があります。

そのための道案内をしてくれるのが、一一個目の隠されたセフィラと呼ばれているダートです。

カバラは砂漠地帯で広まった教えなので、アビスは砂漠、ダートは道先案内人であり、私たちを背中に乗せてくれるラクダに例えられることもあります。

ダートに対応する天体は**冥王星**で、**ハイヤーセルフの意識**を象徴しています。

ダートはケテルの真下にあり、神意識と人間意識をつないでくれる存在です。

あなたのダートはどのような意識を持っているでしょうか?

冥王星のカードをダートの位置に置いて感じてみましょう。

生命の樹

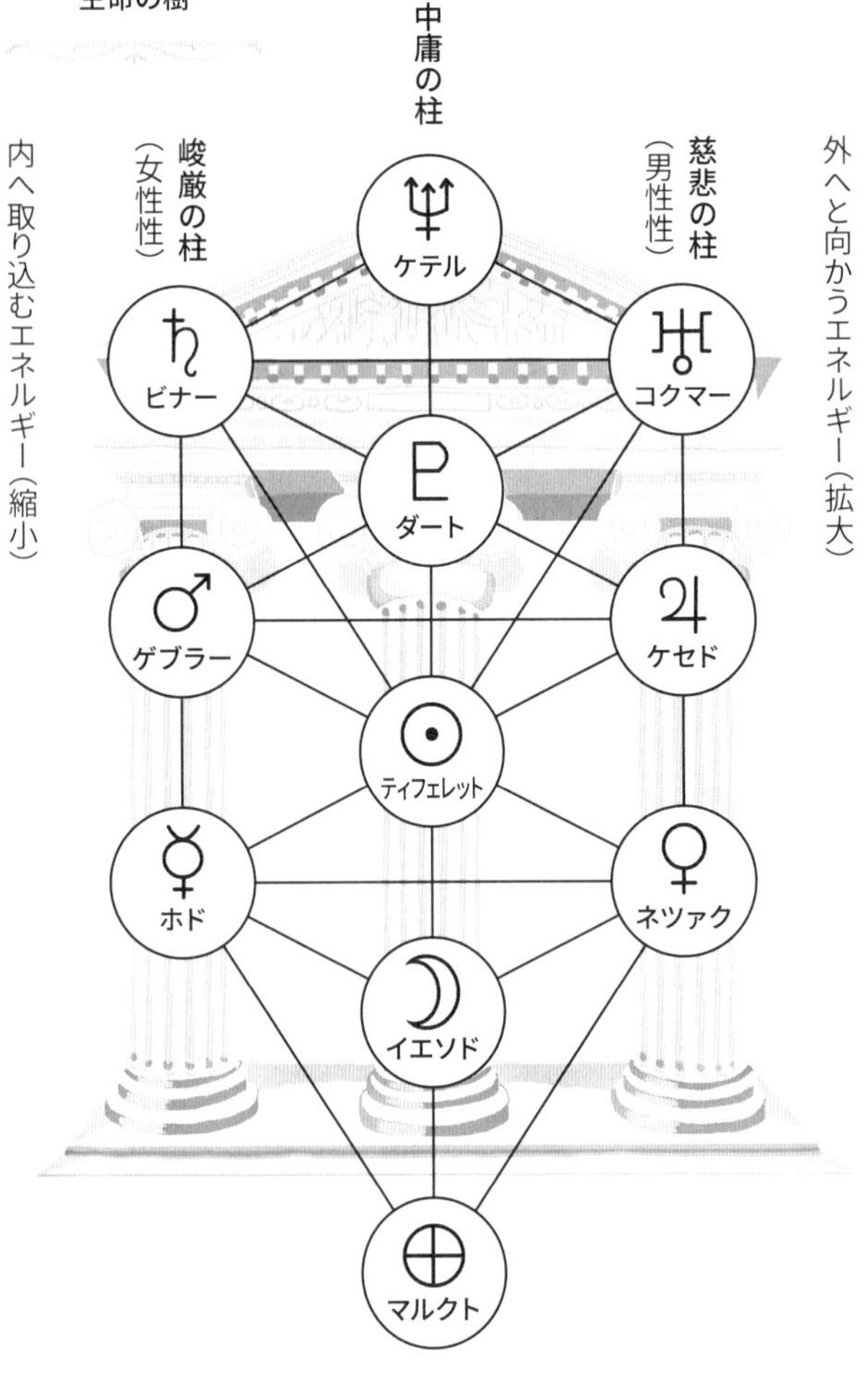
中庸の柱
峻厳の柱
（女性性）
慈悲の柱
（男性性）
内へ取り込むエネルギー（縮小）
外へと向かうエネルギー（拡大）
ケテル
ビナー
コクマー
ダート
ゲブラー
ケセド
ティフェレット
ホド
ネツァク
イエソド
マルクト

第四セフィラ・ケセド（慈悲）

ケセドはコクマーの真下に位置し、**男性性の能動的な愛のエネルギー**を表します。

ビナーから流れたエネルギーが、人間が意識できる次元まで降りた最初の段階がケセドですので、神意識の世界ともつながりやすい意識段階です。

対応する天体は**木星**で、**内側から外側へと溢れ出す拡大、発展の性質**があります。

ケセドには、**宇宙の父なるコクマーが生んだエネルギーを組織して維持する役割**があります。

どの社会でも、ケセドの視点を持つリーダーとしての政治家や経営者が求められていますし、理想的なメンター像でもあります。

また神意識の二つの男性性、女性性の原理と同じく、ケセドも対を成す女性性であるゲブラー（峻厳）と共に働くことで、適度なバランスを維持することができます。

この二つは国の統治に例えられることがありますが、その場合、**ケセドは玉座に座り、国民を愛する寛大な王様であり、法や理念、理想を掲げて国を治めようとします。**

それに対して、ゲブラーは戦車に乗って戦場へ向かう王として、厳しい態度や武力の行使によって国の安全を守ろうとします。

どちらも国民に対する愛の表現であり、両方の性質ともに行きすぎると、国のバランスが崩れる原因ともなります。

第五セフィラ・ゲブラー（峻厳）

ゲブラーは先ほどのケセドと対を成す女性性のエネルギーで、**厳しい判断や、断捨離のように物事を切り離すエネルギー**を表しています。

対応する天体は**火星**で、**偽善や堕落を防ぐ正義の性質**があります。

飴と鞭という言葉があるように、寛大なケセドだけでは、人はルーズになったり依存に陥ったりしますが、ゲブラーのエネルギーとバランスを取ることで、締めるところは締めるというメリハリが出てきます。

なぜゲブラーが女性性なのかと言うと、女性性は外から来たものに反応して選ぶという受動的な側面を持っているからです。

男性性は内から外へ放射するエネルギーですが、ゲブラーはケセドから来た幅広いアイディアの中から適切なものを判断して選び取ります。

ケセドが理想主義だとしたら、ゲブラーは現実主義です。

母親が子どものことを考え、心を鬼にして怠け心を正す時は、ゲブラーのエネルギーが発揮されています。

また、生命の樹はすべてのエネルギーのバランスを取ることをテーマとしていますが、ケセドとゲブラーのバランスを取るには、次のティフェレットの視点も重要です。

生命の樹は、すべてのエネルギーが有機的に関連し合って成り立っており、それはまるで一つの建築物のようです。

第六セフィラ・ティフェレット（美）

ティフェレットは中央の柱の中心に位置する、文字通り心臓のような役割を果たすエネルギーです。

対応する天体は**太陽**で、**その人自身の、人間としての本質的な性質**を表します。

ティフェレットは、一番下のセフィラ、マルクト以外のすべてのセフィロトとつながっていて、**すべてのエネルギーのバランスを取るために、とても重要な存在です。**

天地人という言葉がありますが、天がケテルだとしたら、地はこのあとに出てくるマルクト、人がティフェレットに当たります。

ティフェレットには、天と地をつなぐ役割があります。

ティフェレットまで意識が登ってきて初めて、私たちは**自立した個人としての意志や判断力**を持って生きていくことができます。

そういった意味で、**ティフェレットは人間の魂意識を統括する指揮者のような存在です。**

指揮者がしっかりと機能することで、他のセフィロトも生き生きと自分の役割を発揮して活躍することができるのです。

神秘学では、**美とは調和のこと**であり、適切な場所に適切なものが配置されている秩序立った状態を指します。

また、錬金術でもティフェレットは非常に重要な役割を果たします。

太陽は身体の中では**心臓であり、血液を送り出すポンプ**を象徴していますが、鉱物では**太陽は金**に対応しています。

ここに、**人間社会での経済活動を自分らしく行うためのヒント**が隠されています。

人間社会でのお金は血液に例えられることがありますが、その血液循環がスムーズに、かつバランス良く行われるためには、太陽、つまりティフェレットのエネルギーを使う必要があります。

ティフェレットの意志で、自分の持てる才能をうまく指揮できている時、つまり自分らしさをバランス良く発揮した仕事ができている時、その収入はまるで天から自然にもたらされたような感覚になります。

それは天と地をつなぐ使命としてのエネルギーを帯びています。

これ以降にご紹介するセフィロトはより人間界に近く、自覚しやすいものとなりますので、ぜひあなたの持てる才能を感じて、そのエネルギーをあなたの太陽に集約させてみてください。

そうすることで、社会の中で太陽のように輝く、あなたらしいエネルギーを発揮していくことができます。

第七セフィラ・ネツァク（永遠）

ネツァクは本能的な男性性、**無意識の中で永遠に循環し、絶えることない新陳代謝や性的欲求のエネルギー**を表しています。

対応する天体は**金星**で、異性を愛する愛情のエネルギーや、尽きることなく繰り返される春夏秋冬などの自然の営みもここから来ています。

ネツァクはケセドの真下に位置し、二つとも内側から溢れ出る愛情を表していますが、ケセドが広い範囲の人類愛であるのに対し、ネツァクはもっと個人的な感覚としての愛情です。

次のホドとの対応としては、ネツァクが愛や芸術を楽しむのに対し、ホドは知

性や科学を支持します。

また、経済心理学では人が物を購入する際の心理が研究されていますが、ほとんどのマーケティングではこのネツァクや、このあとのイエソドを刺激しようとしています。

ネツァクを刺激するのは、生存本能に関わるような危機の回避、もっと楽したい、楽しみたいという欲望、異性にモテたいという願望などです。

イエソドを刺激するのは、コンプレックスを補ってくれるものや、ぽっかりと空いた心の穴を塞いでくれるようなもので、結構な依存性があります。

どちらも、非常にパワフルに人の本能に訴えるものであることが分かるでしょう。

それに対して、**ホドの判断力や、ティフェレットの人生の本質を求める意志**を発揮することができると、バランスの取れたお金の使い方をすることができます。

同じ買い物でも、ただ無意識に目先の快楽や本能に突き動かされているのか、人生の目的に沿った意志のある判断によっているのかで、浪費と投資に道が分かれます。

どちらの人生が開けていくかは明らかですね。

そのように、ネツァクを美徳として使うためには、感情的なエゴに流されず、それに打ち勝つ必要があります。

そのため、ネツァクの性質を**勝利**とする流派もあります。

第八セフィラ・ホド（反響）

ホドはネツァクに対する女性性で、**外から来るすべての情報に反応し、学んだり選別したりするエネルギー**を表しています。

コミュニケーションや、商人の役割もホドが担っています。

対応する天体は**水星**で、ネツァクが右脳的な本能であるのに対し、**ホドは左脳的な理性**です。

また、何度も繰り返して練習した習慣や技能、しつけなどもホドに記憶されていて、習得したあとは、何も考えなくても自然な反応としてできるようになります。

一方、ホドは**自己承認**とも深い関係性があるセフィラであるため、ホドの性質を**栄光**とする流派もあります。

栄光とは、**どんな時でも自分で自分を輝かせる力**です。

そのためには、日頃から自分自身に対してふさわしい声かけや問いかけができているかどうか、**自分自身とのコミュニケーションの質**が問われます。

また、もしネツァクで本能的に強く惹かれる異性と出会ったとしても、実際その人はどんな考えを持っているのか、お互いにとってプラスの関係を築けるのかなど、自分にとって大切な判断軸で監視し、ネツァクの暴走を食い止める役割として働くこともあります。

ネツァクの芸術や娯楽、湧き上がるような情熱のエネルギーと、ホドのそれを精査したり、願望を叶えるための具体的な方法を導き出したりする知性のバランスは非常に重要です。

錬金術でも、地上で望みを具現化するマジックを起こすためには、この**ネツァクのアートとホドのサイエンス**が高いレベルで融合する必要があると言われています。

第九セフィラ・イエソド（基礎）

イエソドは中央の柱にあり、すべての意識の基礎である**潜在意識や心の中**を表しています。

対応する天体は**月**で、ティフェレットの真下に位置し、**すべてのセフィロトの意識を受け取り、一本化して地上へと送る反射鏡の役割**があります。

イエソドの潜在意識や心の中が現実世界に投影されるため、非常に重要なセフィラなのですが、月が満ち欠けするように、イエソドも大変移ろいやすく繊細で、様々な外的影響を受けやすい場所です。

このイエソドの鏡が透き通っているか濁っているかで、宇宙意識から降りてきた創造のエネルギーをどのように地上で具現化できるかが決まります。

過去世からの記憶やカルマ、集合的無意識の記憶もここに蓄積されていますので、イエソドが完璧に透き通っている人はこの世には存在しません。

また、幼少期に受け取る社会の文化や家庭環境、教育によって染みついた、**こ**

うあるべき自分像という仮面（ペルソナ）は、傷付きやすい自分の心を守るためにイエソドで生み出されると言われています。

その仮面の力が強ければ強いほど、鉄仮面として作り上げた自己イメージに縛られてしまい、本当の自分（ティフェレット）の意識を受け取ることができず、その下のマルクト（物質次元）に意識が縛り付けられることになります。

当たり障りがなくいい人なんだけど、何を考えているのか本心が見えない、人によって態度が違う、というような人は、非常にペルソナが強い人です。

本人も普段頑張って演じている分だけ、家に帰るとドッと疲れが出たりします。

こんな人は無意識に、本当の自分を出すと嫌われると思っており、これがいわゆるインナーチャイルドが傷付いた状態です。

このように、イエソドは**幻想の世界に自分を閉じ込める力**も持っています。

スピリチュアルの世界では、**眠り続けるか、目覚めるか、**という言葉をよく耳にしますが、**イエソドの段階で意識が留まり続けることを眠りの世界**と表現しているのです。

今まで自分を守ってくれていた仮面を勇気を出して外し、自分の心の中にある自然な感情を受け取ることができるようになると、徐々にティフェレットへと意識が開かれ、生命の樹を登っていくことができます。

ティフェレットとつながっている人は、相手が誰であっても自分の本質は変わりません。

これが、いわゆる軸がある人です。

また、イエソドは**生命力であるエーテル体（東洋の気）**も司っています。

身体の中では生殖器を象徴していて、**男性性、女性性の融合、そして新たな命の誕生**を表しています。

イエソドが正常に働くとティフェレット（目的意識）、ネツァク（自然な望み）、ホド（必要な手段）から来るエネルギーが有機的に結合して、望んだものを地上に生み出します。

第十セフィラ・マルクト（王国）

マルクトは**地球そのものや私たちの肉体など、目に見える物質世界**を表していて、母なる大地と言われるように、その性質は**女性性**です。

生命の樹を降りてきたすべてのエネルギーを受け取り、生命を育みます。

マルクトに対応するのは天体ではなく、**この世界を形作る元型的要素である四大元素（火、風、地、水）のエネルギー**です。

マルクトで私たちが目にすることができるのは、エネルギーが生命の樹を降りてきた**過去の結果**です。

近代以降、自然科学が神秘学を否定して発展してきた経緯があり、自然科学は、目に見えるもの、数量化、証明できるものしか取り扱わない学問であるため、主流の研究対象はマルクトのみに限定されてきました。

マルクトの意識（目に見える世界のみ）で生きている平均的な人たちにとって、普段意識しているのは物質とホド（知性）の働きくらいで、潜在意識や本能の力、そして自分の中にある魂の本質を意識して統合しようとしている人は非常に稀です。

錬金術では、物質は今まで見てきたような目に見えないエネルギー（霊）が固まってできたものであり、氷と水、そして水蒸気が同じものであるように、**どちらが優れているかなどではなく、ただ形態が違うものであると考えられています。**

よくスピリチュアルの世界では、グラウンディングが大切と言われたりしますが、それは**このマルクトにもしっかりと意識の軸足を置くことを意味します。**

ここまで降りてきたアイディアがどんなに素晴らしいものであっても、実際に地上で行動したりして物質化しなければ、すべては妄想で終わってしまいます。

エネルギーを文字通りアーシング（接地）させることで、初めて物質世界の物事が動き出します。

さて、もう一枚、最後に記入して頂きたいカードがあります。

それがこのマルクトに相当する、**あなたが持って生まれた身体の性質**であり、**人から見た外見的な特徴**です。

以前出して頂いたホロスコープの円の左側に、ACという欄があります。

これはアセンダントと言って、生命の樹の中では、身体の性質であるマルクトを意味しています。

アセンダントは運の入り口とも言われていますが、運はたいてい人からもたらされるため、自分が人に与える印象を知ることも重要です。

アセンダントは十二星座別に身体の部位に対応しており、**身体の中でも少し弱い部分**を示していますので、そこには注意が必要です。

これから十二星座別のマルクトの性質をご紹介していきますので、**あなたのマルクトの星座と性別、四大元素**の三つをカードに記入し、一番下に置いて生命の樹を完成させましょう。

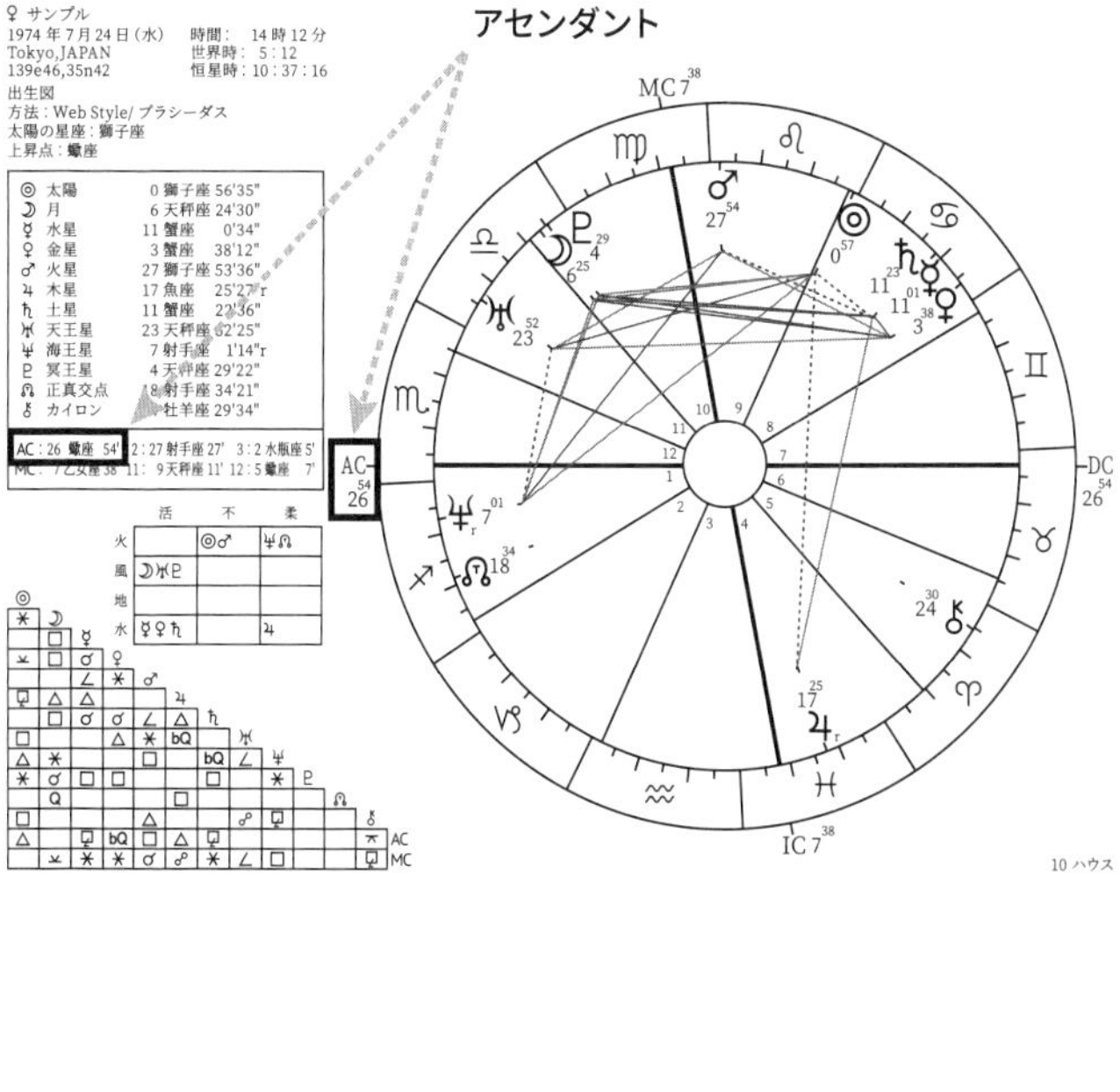

♀ サンプル
1974 年 7 月 24 日（水）　時間：14 時 12 分
Tokyo,JAPAN　世界時：5：12
139e46,35n42　恒星時：10：37：16
出生図
方法：Web Style/ プラシーダス
太陽の星座：獅子座
上昇点：蠍座
◎ 太陽 0 獅子座 56'35"
☽ 月 6 天秤座 24'30"
☿ 水星 11 蟹座 0'34"
♀ 金星 3 蟹座 38'12"
♂ 火星 27 獅子座 53'36"
♃ 木星 17 魚座 25'27"r
♄ 土星 11 蟹座 22'36"
♅ 天王星 23 天秤座 52'25"
♆ 海王星 7 射手座 1'14"r
♇ 冥王星 4 天秤座 29'22"
☊ 正真交点 18 射手座 34'21"
⚷ カイロン 牡羊座 29'34"
AC：26 蠍座 54'　2：27 射手座 27'　3：2 水瓶座 5'
11：9 天秤座 11'　12：5 蠍座 7'
活　不　柔
火　風　地　水
アセンダント
MC 7 38
AC 54 26
DC 26 54
IC 7 38
10 ハウス

十二星座別 身体の性質

♈ スポーティーな牡羊座

【男性・火（頭部、脳、目）】

中肉中背。若々しく能動的なため、健康的な印象。周りの目を気にせず、自分らしさを出せるカッコよくて機能的なファッションを好む。

[例]

♉シックな牡牛座

【女性・地（顎、首回り、首全体、耳鼻咽喉、喉、甲状腺）】

顔立ちはふくよかで愛らしい印象。美食家も多く晩年は太りやすい。定番で質の良いファッションを好む。大人しく、地に足の着いた印象。

♊活発な双子座

【男性・風（肩、鎖骨、腕、手、自律神経、気管支）】

手足が長くやせ型のため、歳を重ねても若々しい印象。美肌の人も多い。よくしゃべり、よく動く、活発な印象。

♋ シャイな蟹座

【女性・水（乳房、子宮、食道、胸部、胃、肝臓、胆嚢、横隔膜）】

童顔な人が多く、潤んだような可愛らしい目が印象的。気心が知れるまでは内気で人見知り。第一印象として身内以外には気難しく見えることも。

♌ 明るい獅子座

【男性・火（心臓、血液循環、背中、脊髄、脊椎）】

明るく堂々としていて派手な服装を好むので、目立つタイプの人が多い。ジェスチャーも大きく、活動的でエネルギッシュな印象。

♍ 清廉な乙女座

［女性・地（腸、すい臓、神経系）］

背が高くやせ型なので猫背になりやすい人も。ＴＰＯに合わせたきっちりとした服装を好み、清潔感に溢れ、清楚で真面目な印象。

♎ センスが光る天秤座

［男性・風（腰、腎臓、膀胱、骨盤の歪み）］

中肉中背で均整の取れた身体つきの人が多い。運動をしないと歳を取ったら太りやすくなる。ほどよく流行を取り入れたセンスはどんな人にも好印象を与える。気さくで話しかけやすい印象。

♏ ミステリアスな蠍座

【女性・水（泌尿器、生殖器系、膀胱、鼻、粘膜、心的ストレス）】

小柄に見えても着やせするタイプの人が多く、骨格はしっかりとしている。目力があり、性的な魅力を感じさせる。エスニックなファッションを好む人も。

♐ 自由な射手座

【男性・火（大腿部、股関節、肝臓、お尻、足腰、坐骨）】

手足が長く、やせ型でモデル体型の人も多い。行動範囲が広く、矢のように飛び回るので自由で活動的な印象。年配になると大黒様のような深い温かみが出る人も。

♑ 気品溢れる山羊座

【女性・地（膝、関節部、骨、皮膚、歯）】

小柄でやせ型。歳を取っても体形が崩れない。気品に溢れた顔立ちをしており、あまり生活感を感じさせない。服装も上品で、優秀な社会人という印象。

♒ 個性的な水瓶座

【男性・風（循環器系、膝下、くるぶし、静脈、むくみ）】

肌が白く、中性的。ロボットのような不思議な雰囲気を持つ人も。独創的で個性的なファッションを好むため、ユニークなインパクトがある人という印象。

♓ 癒やし系な魚座

【女性・水（足、足の裏、リンパ液）】

小柄で筋肉が少なく、むくみやすい体質。童顔で可愛らしい顔つきの人が多い。ファンタジー系のフワフワしたファッションを好み、不思議と癒やされる印象。

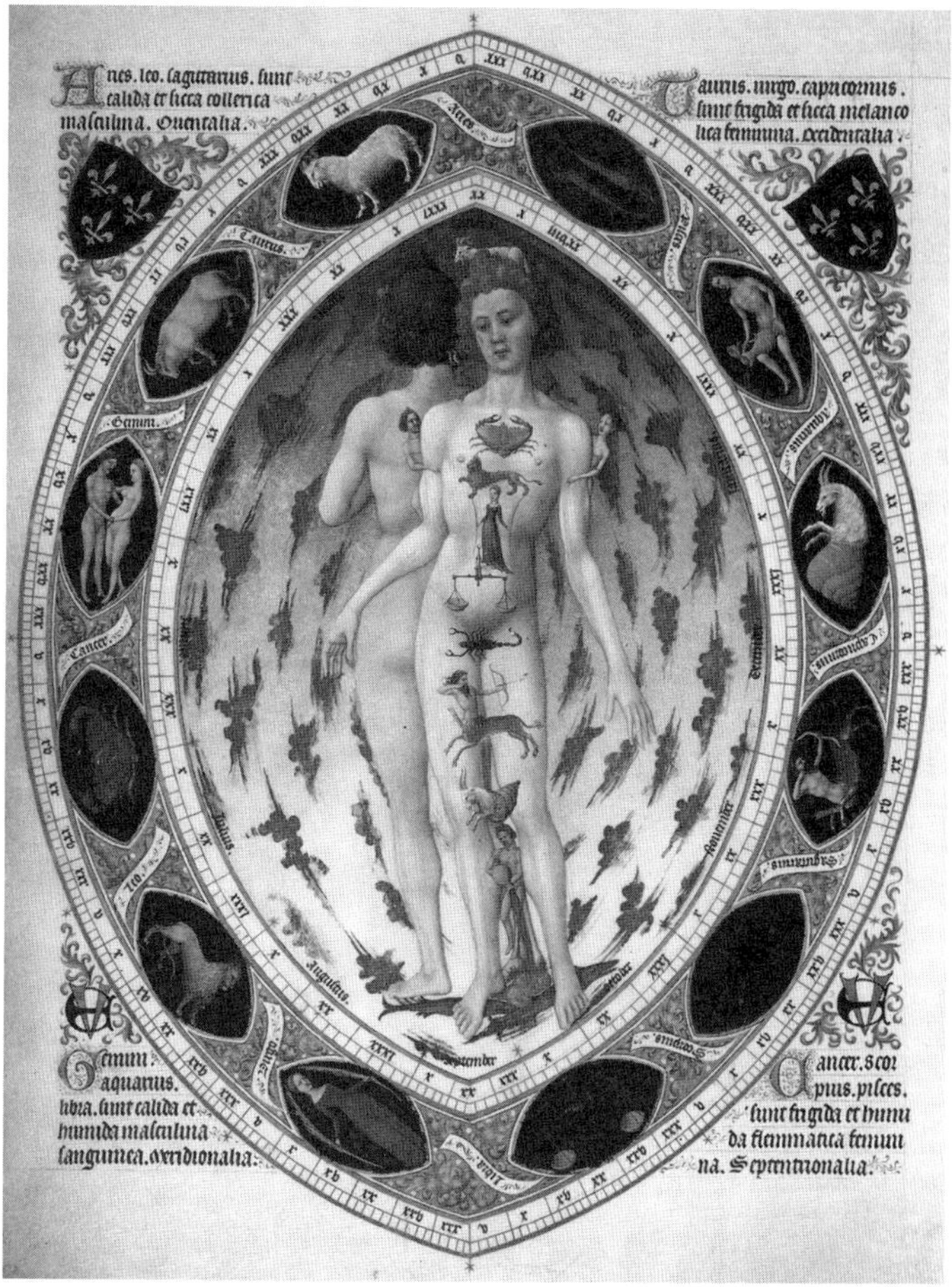

人体と十二宮の照応関係を示した獣帯人間（英語版）の図
（ベリー公のいとも豪華なる時祷書より）（出典：Wikipedia）

あなたの外見的特徴や身体の弱い部分で、思い当たるところはありましたでしょうか？

例えば、私はアセンダントが蠍座で女性性の性質を持っていますが、中身の性質は男性性が強いため、バランスを取るために進んで外見の女性らしさを活かす髪型や服装を取り入れるようにしています。

このように外見と中身のバランスに意識的になることで、人から見られる印象も意識的にプロデュースしていくことができます。

惑星の年齢域

それではこれから、あなたの生命の樹を全体的に見て人生の流れを読み解いていきましょう。

人は生まれたら、マルクトからもう一度生命の樹を登って神意識に戻るように一生を計画していると言われています。

生命の樹は例えて言うと**地球旅行の旅程表**のようなものです。

魂が地球という目的地に到着し、その行程を実際に体験していくのが人生です。

ただ、旅行もそうですが、旅程表の段階でその旅を眺めているのと、実際に現地に行って体験するのとでは、五感で感じる臨場感や経験値がまったく違いますよね。

そして、思ったようにはいかないことや現地でのアクシデントがあっても、私はその時こう対処して乗り切った、という武勇伝のほうが思い出深く、成長や自信にもつながります。

魂の成長もこれと似たようなところがあるのです。

さて、**セフィラと天体にはそれぞれ、その性質が発達するための年齢域があります。**

本来、宇宙には時間も空間もないのですが、地球で人生を体験するには時系列の体験が必要なため、便宜上割り振られた目安です。

例えば、月は〇〜七歳の間に基本的な発達を遂げ、八歳以降は次の水星のエネルギーが活発に成長し始めます。

ケテルとダートはそれぞれ神意識とハイヤーセルフの意識であるため、いつでも今ここに存在していて、年齢域はありません。

西洋占星術とカバラ神秘学とでは、一部年齢域の解釈に違いがありますが、本書では生命の樹との対比で読み解いていくため、カバラ神秘学の年齢域を採用したいと思います。

神秘学では**七年周期説**というものがあり、人生の節目が七の倍数の年に訪れ、ステージが移り変わっていくと考えられています。

生命の樹と各年齢域の対応については、次の図をご参照ください。

生命の樹

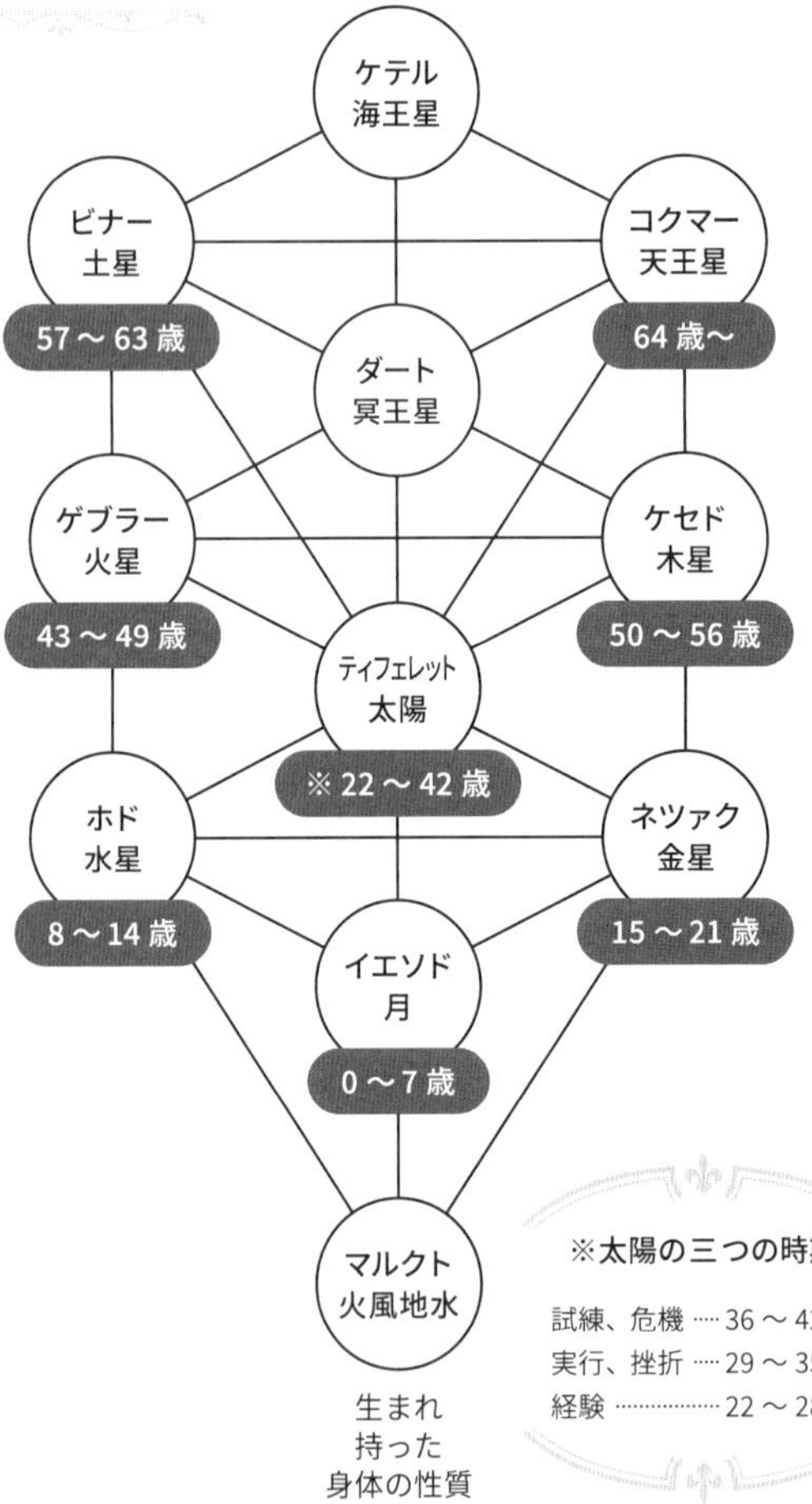

※太陽の三つの時期

試練、危機……36～42歳
実行、挫折……29～35歳
経験…………22～28歳

今のあなたは、どのセフィラの年齢域にいますか？

生命の樹を全体的に眺めて頂き、このセフィラは発達しているけど、このセフィラはまだ弱いな〜など、何か感じることはありますか？

弱いセフィラの性質を意識して使うようにすることで、だんだんとあなたの生命の樹のバランスが整っていきます。

ただし、この年齢域はあくまでも目安です。

必ずしもこの通りにみんなが成長しているかと言うと、現代では特に精神発達のための教育がないため、かなり多くの人がティフェレットまで行くことなく人生を終えると言われています。

逆に、ティフェレットまで意識が成長すると、すべてのセフィロトと小径（パス）でつながる通路が開きます。

また、精神的な成長は一直線上に進んでいくわけではなく、行きつ戻りつを繰り返しながら、前の段階を含んで超えていくような形で成長します。

ですので、成長するとずっと同じ意識段階に定着するということではなく、**主にそのセフィラの視点を持って生きている状態である**ということです。

私たちの意識は複雑で、振り子のように、あるセフィラを作用点として意識の中心に置いていても、時と場合によっていろいろなセフィラに揺れ動いているのです。

それを思うと、生命の樹のような指標を持って、自分の意識状態を常に客観視することがいかに重要であるかが分かります。

今回、ご縁あってこの情報に出会ったあなたは、ぜひあなたが計画してきたエネルギーを存分に発揮して、意識的に使いこなして頂きたいと思います。

生命の樹の五つの意識段階

生命の樹には、大きく分けて**五つの人間の意識段階**が表されていると言われています。

各意識の働き方を知ることで上の段階も意識しやすくなりますので、以下に各意識の特徴をまとめてご紹介します。

生命の樹

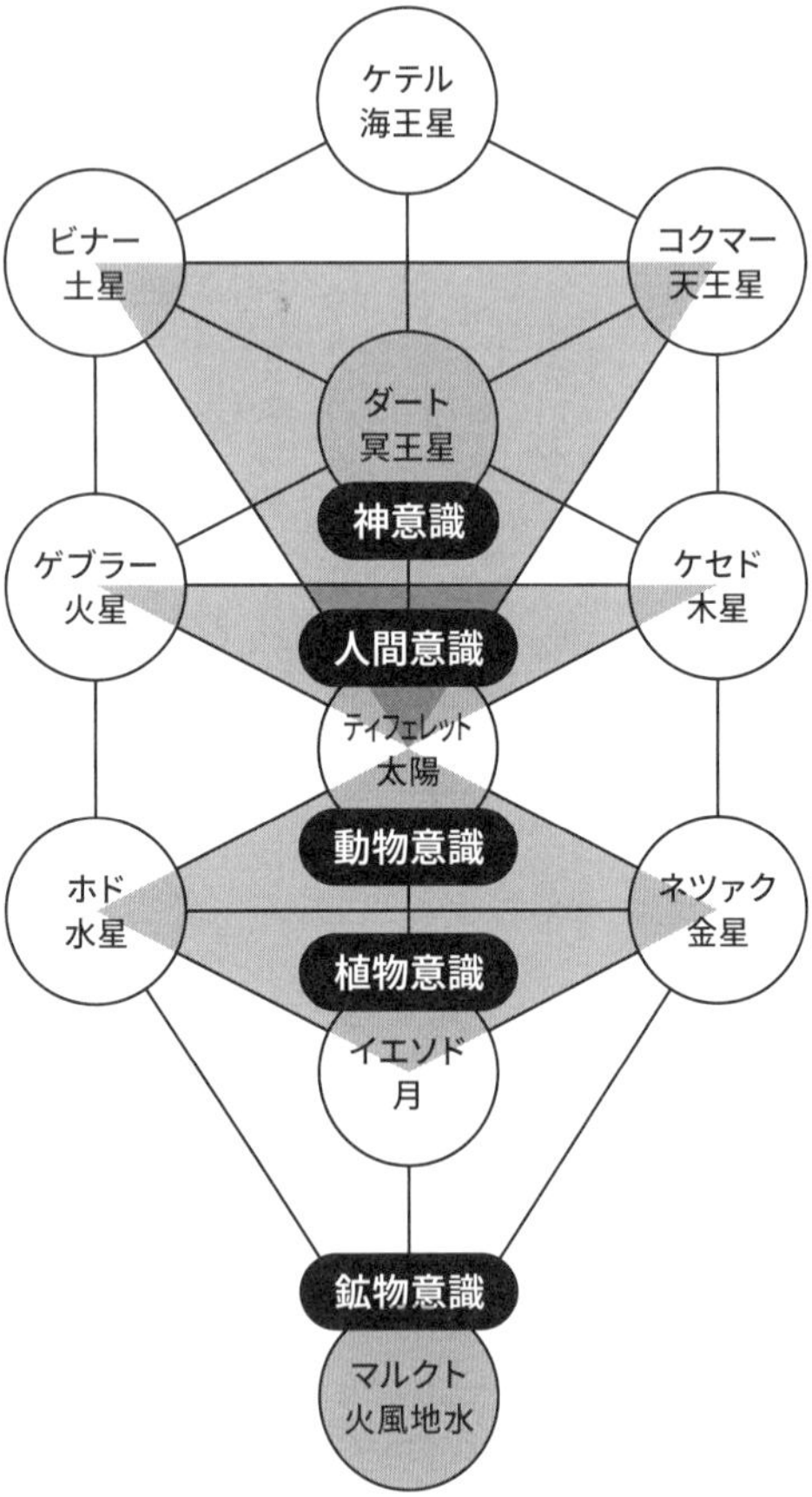
ケテル
海王星
ビナー
土星
コクマー
天王星
ダート
冥王星
神意識
ゲブラー
火星
ケセド
木星
人間意識
ティフェレット
太陽
動物意識
ホド
水星
ネツァク
金星
植物意識
イエソド
月
鉱物意識
マルクト
火風地水

鉱物意識　【マルクトの意識】

物質のみで魂が入っていない状態。肉体のみを表しています。

植物意識　【イエソド――ホド――ネツァクの意識】

幼少期から受け取ってきた習慣やしつけ、本能に動かされて受動的に生きている状態です。

歴史的に見ても、世界の権力者にとっては、みんながこの段階で留まって従順でいるほうが支配しやすいため、生命の樹を登るような教えは異端とされて弾圧されてきました。

その名残もあって、現在でも少なくとも世界の七割程度は植物意識、眠りの世界で生きていると言われています。

動物意識　【ホドー――ネツァク――ティフェレットの意識】

ティフェレットは年齢域が広いため、さらに三つの段階に分かれます（P184年齢域の図における「太陽の三つの時期」を参照）。

この段階では、精神的に自立し、能動的に人生を切り開いていく力を育てることが中心となります。

近代に入ってもてはやされるようになった個人主義や、社会の中でのし上がってやろう！　といった野心や競争心は、この意識から来ています。

この意識を育むためには、三五歳頃までは自分のためにやりたいことにチャレンジし、実行と挫折を繰り返しながら成長していく必要があります。

人間意識　【ティフェレット――ゲブラー――ケセドの意識】

人は、自立して自分で生きていく自信が付くと同時に、その限界も感じ始めます。

肉体の衰えも感じ始めるため、太陽の時代が終わる四二歳頃は〝**魂の暗い夜**〟と揶揄されることもあります。

ゲブラーまでに個人としての自我が最大になり、そのあと、自我を解体していく流れに入ります。

自力だけではどうしようもない、宇宙の意志のようなものがあるのではないかと実感し始めるのです。

徐々に大いなる宇宙の諸力に導かれている感覚が強くなり、与えられているものへの感謝も生まれてきます。

社会の中では他者と協力し、宇宙から与えられた自分の力を世の中に役立てようという貢献の意識が芽生えます。

神（宇宙）意識　**［ティフェレット――ビナー――コクマーの意識］**

完全なる神意識は**ケテル――ビナー――コクマー**の三つ組で、稀に悟りを開いてこの意識に到達する方々がいます。

ただ、神の三つ組の意識は文字通り浮世離れしているため、通常、人が認識できる領域としてはビナー――コクマーの意識までとなります。

また、ダート（ハイヤーセルフの意識）を通して、完全なる神意識からのメッセージを受け取る場合もあります。

ビナーやコクマー、もしくはダートからティフェレットへと送られるインスピレーションは自我を超越した内容です。

絶対的な真理を含んでいますので、それが来たらすぐに分かります。

魂がアビスを隔てた神意識の世界に戻る時、そこに入れるのは永遠不滅の魂が経験した真実のみです。

この世の地位や名誉、財産などは神意識の世界に入る前にすべて消え去ります。

人生の課題に出会う三つの時期とその乗り越え方

日本でも厄年という風習がありますが、西洋の神秘思想にも似たような考え方があります。

西洋の場合は天体の運行周期を元にしていて、人生の中で誰にでも訪れる、**意識の切り替えのチャンスタイム**と解釈することもできます。

細かく言うとたくさんあるのですが、ここではその代表的なものをご紹介します。

二九〜三〇歳

試練の星である土星は約三〇年周期で十二星座を一周しますので、二九〜三〇歳頃、持って生まれた土星の位置に、一周してきた土星が戻ってくる**サターン・リターン（土星回帰）**という現象が起こります。

生命の樹では、二八歳までは好奇心に任せていろいろな体験をしてみることが重要な時期となりますが、二九歳の節目で、**それまでの経験を踏まえ、自分はこれからの人生をどう生きたいのか**を問い直す心境になります。

そして、それまでも自分の魂に従って生きていれば大した心境の変化は起きないのですが、そうでない場合は、**生き方そのものを見直さざるを得ないような出**

来事や心情が湧き起こってきたりします。

私もそれまでの人生をリセットして南米に移住したのが、ちょうどこの頃でした。

土星からの問いを無視してそれまでと同じ生き方を続ける人も多くいますが、その場合はどんどん本来の自分とズレていくような、慢性的な疑問が残り続けることになります。

この時期にはいったんすべてを棚卸しして自分自身と向き合い、これからの方向性に向けて生き方を修正すると、その後の人生がスッキリとしたものになります。

三六～三八歳

この時期は**ノード・リターン**と言って、約一八～一九年周期のドラゴンヘッドが生まれた時の位置に戻ってきます。

（一八～一九歳頃にも一回目が来ますが、この頃はまだ受け身の時期なので軽く通過する人がほとんどです）

ドラゴンヘッドは魂の課題を表していて、サターン・リターンを何とかごまかしてきたとしても、いよいよ魂の声から耳を背けられない、という感覚を得る人もいます。

私はこの時期に魂の意識が切り替わり、旅行の仕事から占い師の仕事に移行しました。

人生の後半生を迎えるにあたって、与えられた魂の使命、内なる責任のようなものを模索する時期でもあります。

サターン・リターンと同じく、この時期もそんな感覚が来たら無視せずにしっかりと向き合うことで、その後の人生へのヒントが得られるはずです。

五六〜五七歳

三回目のノード・リターンがこの頃に訪れます。

生命の樹で見ると、ちょうど**ケセドからビナーへと意識が移り変わるタイミン**

グです。

この意識の飛躍は**アビス（深遠）**を通過するため、今までで一番の試練だと感じる方もいらっしゃるかもしれません。

ただ、これまでの人生で人間意識まで達していない場合は、特に何も感じない場合もあります。

逆に、ティフェレットの時から神意識との関わりを深めてきた人は、それほどの試練を感じることなく通過していくかもしれません。

ここでアビスを通過する人は、これからは個を超越した宇宙意識を中心にして生きることになります。

そのためには過去を受け入れ、自我を捨て去る必要があります。この時の心理的変容については、『成熟のための心理童話』(アラン・B・チネン〔ユング派精神分析医〕著、羽田詩津子訳、早川書房)の中でとてもドラマチックに解説されていますので、この時期の課題との向き合い方について詳しく知りたい方にはとてもお勧めです。

ここまでご自身の生命の樹を見つめてきて、いかがでしたでしょうか?現時点でどの意識を中心にして生きているにしても、その上が開けていると感じるだけでも、少し希望が見えてきませんか?

私は自分の人生マップを作った時、個人天体には風のエネルギーが一つもなく、ケセド以降の神意識に風のエネルギーがたくさん入っているのを知りました。

そこで、風のエネルギーが司る情報発信をしたりインターネットを使う時には、特に意識して神意識とつながり、そのエネルギーで発信するように心がけています。

このように、生命の樹の人生マップ全体を見渡し、これからやりたいことにはこのエネルギーを意識して活用しよう！　と思うだけでも結果が変わってきます。

生命の樹のカードを上から眺めるように、時空間を超えて人生全体を俯瞰する視点が、まさしくハイヤーセルフの視点なのです。

あなたの人生マップ
カード
フムフム‥
ハイヤーセルフと同じ視点に立てる！

次の章では、いくつかの例を通して、具体的にはどのように実生活で生命の樹を活用していけば良いのかを見ていきましょう。

カードの使い方のケーススタディ

Card usage case study

chapter

04

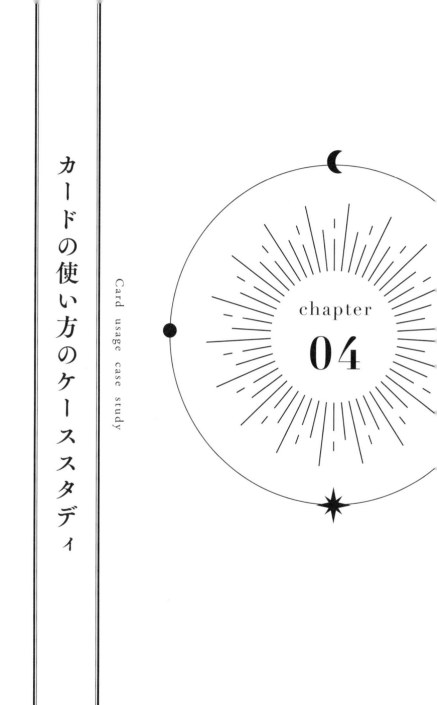

人生のいろいろな場面でカードを上手に使いましょう

たくさんの方の鑑定をしていると、人の悩みは様々なようで、実は大きく三つのカテゴリーに絞られることが分かります。

そのカテゴリーとは、**仕事（お金）**、**恋愛**、**人間関係**です。

今回は、そんなよくあるご相談を例にして、ソウル・カウンセリング・カードの使い方を見ていきましょう。

Q1：私にはどんな仕事が向いていますか？

転職を考えています、起業したいと思っているのですが向いているでしょうか、やりたいことが分かりません、といったご相談もここに含まれます。

この場合は、**生命の樹の中央の柱にあなたの仕事を当てはめて考えてみましょう。**

このあとにワークシートをご用意していますので、そちらに書き込みながら進めて頂くとより整理しやすくなります。

まず、あなたの**海王星のカード**を見てください。

これが、あなたの神（宇宙）意識との約束で**一番大きな人生の目的**となります。

仕事は一日の中で三分の一もの時間を過ごす活動ですので、どのような仕事をしているかによって、あなたの人生の幸福度や充実度が大きく左右されます。

あなたの海王星は、あなたの仕事を地上で具現化するために、どんなエネルギーを送ってくれていますか？

どんなことをしたがっているでしょうか？

直感を信じてカードと対話してみてください。

この純粋な動機を確認したら、ハイヤーセルフはいったん飛ばして、**太陽のカード**を見ていきましょう。

あなたの太陽は、どんなことを求めていますか？

やりたい仕事を考える時のワークシート
～生命の樹の中央の柱から直感を受け取る～

あなたの各天体はどんなことを求めていますか？	
海王星	
太陽	
月	

どんな働き方や仕事が向いていそうですか？

ハイヤーセルフ（＝冥王星）からの助言は？	
冥王星	

次に、**月のカード**を見ていきましょう。

月はすべてのエネルギーの受け皿であり、最終的に地上で物事を具現化するための重要なフィルターです。

月の心も満たされるように、エネルギーを地上に降ろすことが重要です。

あなたの月は何を求めていますか？

例えば、私の場合、海王星は〝豊かな収入を生み出す射手座〟、太陽は〝創造力豊かな牡羊座〟、月は〝人の役に立ちたい牡牛座〟です。

火・火・地のエネルギーの順となりますので、月の意識を通すことで男性性の積極的な火のエネルギーが少しクールダウンすると同時に、具体的に人の役に立つ形に落とし込むことを重視します。

ただ、やはり上の二つの火のエネルギーを十分に活かすためには、組織の中で言われた通りに働くのは向いていないことが分かります。

射手座は理想を追求したい、牡羊座は新しいことにチャレンジしたい、その上で牡牛座は現実的に役に立たせたい（各星座の性質はchapter 02をご参照ください）。

中央の柱の、人生の背骨に当たる部分の声を受け取り、これを仕事ではどんなエネルギーとして使ったら良さそうかな？　と考えて書き出してみましょう。

何となく、方向性が見えてきたのではないでしょうか？

もう少しヒントが欲しいと思ったら、**ハイヤーセルフからの助言**も見てみましょう。

例えば私のハイヤーセルフのカードは、〝革命を起こしたい天秤座〟。

やはり何か新しいものを生み出し、今までの常識を変えたいという想いがあり、天秤座なので、一人よりも誰かとパートナーシップを組むことをお勧めしているようです。

このように、仕事について考える際も、今ある選択肢の中から選ぶと視野が限定されがちですので、**いったん思い切り抽象度を上げて、可能性を宇宙レベルに広げます。**

視野がマルクトになっていたのを、ケテルまで引き戻すのです。

そして、まずは人生の大枠、海王星や太陽、月の理想から見て、どんな働き方をしたいのかを自由に発想して書き出してみてください。

この場合、水星、金星など左右の柱のエネルギーは、中央の柱の願いを実現するために使えるツールのようなエネルギーとなります。

Q2：好きな人との相性が知りたいです。

これも非常によくあるご相談です。

こちらの相性の読み方は、恋愛だけではなく、友人や家族など、その他の人間関係にも応用することができます。

今、彼は私をどう思っていますか？　など、〝今〟を知りたい場合は、タロットなど今のお相手の波動に共鳴する占術を使う必要があるのですが、星で分かるのは**持って生まれた基本的な相性**です。

そのため、星で見るお互いの相性は一生変わらないデータとなります。

また、相性は良い悪いで片付けられるほど単純なものではありません。

人には様々な側面があり、このように付き合えばうまくいくけれど、この付き合い方をしたら終わり……といったものもありますので、知っておくだけでも未来がまったく違ってくるものです。

まず、相性を知りたいお相手のホロスコープを出し、お相手のソウル・カウンセリング・カードを作ってみてください。

自分以外の人のカードを作ることで、自分と人とはまったく違っているんだと、目で見て確認することもできます。

カードができましたら、まずは月～木星をそれぞれ年齢域順に並べてみましょう。

月、水星、金星、太陽、火星、木星の順です。

それ以降の天体は、よほどスピリチュアルを探求して自分と向き合ってきた人でない限り、ほとんどの人が意識できない領域であるため、今は脇に置いておきます。

海王星だけは番外編として、お相手が無意識だったとしても、お相手の神意識が何を求めているのかをこっそり知っておくことは重要です。

誰一人として同じ目的の人はいませんので、そんなに海王星の相性を気にする必要はないのですが、お相手を知るために確認しておきましょう。

さて、次ページの図のように二人のカードを並べたら、一つずつ相性を確認していきます。

まず、木星は個人天体ではないのですが、この場合は**お相手とあなたの幸せの在り方、人生が拡大するポイント**を読み取ることができます。

幸せの在り方は、お互いの男性性、女性性や、四大元素の性質が同じであれば理解しやすいと思いますが、必ずしも同じである必要はなく、まずはお相手の幸せについて知っておくことが重要です。

それが確認できましたら、個人天体（月～火星）でお相手とあなた、それぞれ

の男性性と女性性の割合を見ていきましょう。

例えば、お相手の男性性が四で女性性が一だとしたら、どちらかと言うと、中身は男性性の能動的なエネルギーが強い方となります。

あなたが女性性のエネルギーが強い場合は、能動と受動で相性がかみ合いやすくなります。

お話ししている時も、話し役と聞き役のような役割分担が自然と出来

お相手のカード

月	水星	金星	太陽	火星	木星

あなたのカード

月	水星	金星	太陽	火星	木星

上がります。

では、お二人とも男性性が強い場合はどうでしょうか。

その場合は意識して、相手が気持ち良く話せるように、最初は聞き役に回ってあげたほうがいいかもしれません。

そして、女性性が強い同士の場合はこの逆で、お互い相手の出方を待つようになりがちですので、意識して積極的にリードする場面も必要かもしれません。

くれぐれも、お相手が男性で中身は女性性のエネルギーが強い場合に、男らしくグイグイとリードしてくれないなんて、私のことは好きじゃないんだわ……などと勘違いしないようにしてください。

お相手の外見（アセンダント）が獅子座でも、中身は乙女座ということもあるのです。

恋愛になると特に、自分の弱い部分やプライベートの月星座の性質が出やすくなります。

お相手の月星座と、あなたの月星座の相性はいかがでしょうか？

次の図は一般的に言われている相性の目安です。

男性星座同士、女性星座同士は似たところがあるので理解しやすい関

四大元素別相性早見表

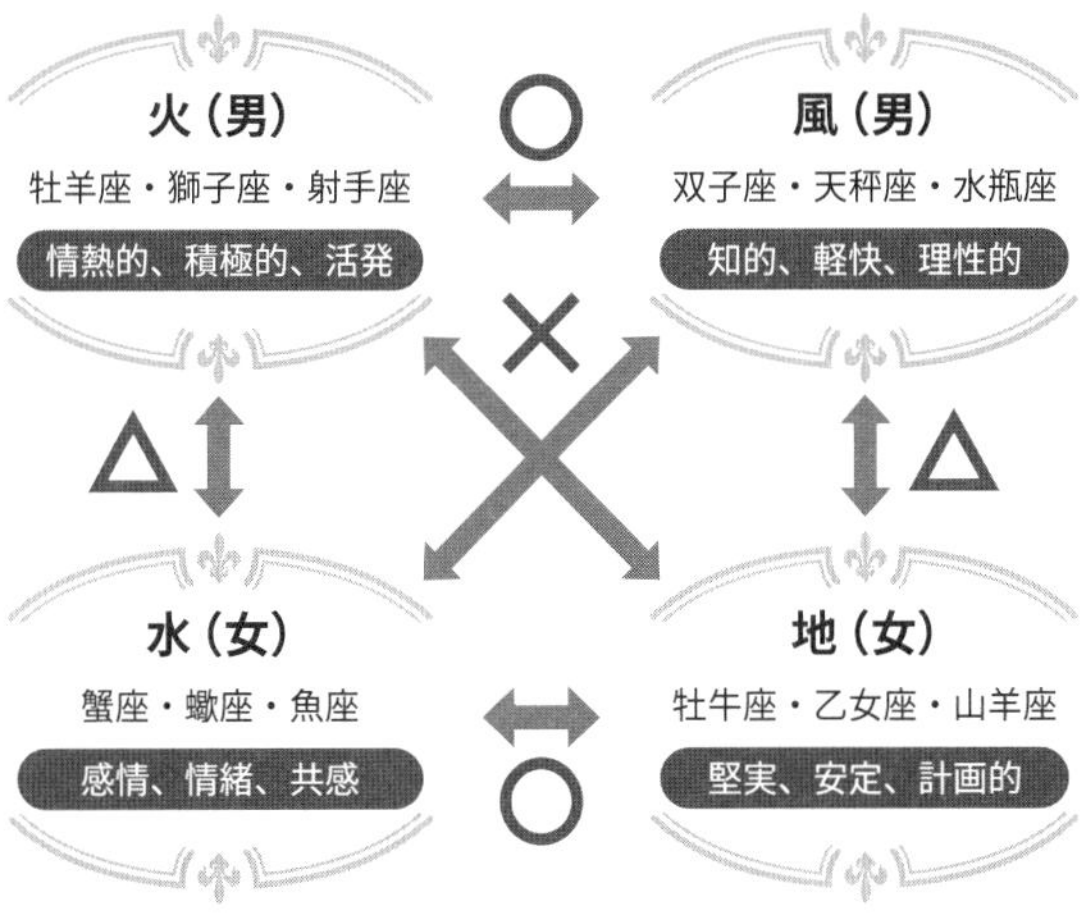

係となります。

なので最初は、気が合うね〜！　と意気投合しやすいかもしれませんが、**長期的に見たら発展性に欠ける関係にもなりかねません。**

逆に一見相性が良いとされていない風と水、火と地の星座ですが、同じ目的を持って前に進もうとした時に、**お互いにないものを補い合えるという意味で、バランスの取れたチームになる可能性もあります。**

このように相性は、良い悪いと一概には言えませんので、うまくやっていきたいと思う方がいらっしゃる場合は、お互いの性質を理解して関わり方を工夫していけば良いのではないかと思います。

例えば、月が男性星座同士の場合は一緒に新しいことに取り組んだり、興味があることをやると仲良くなりやすいかもしれません。

逆に女性星座同士の場合は、同じ経験をして共感し合ったり、水の星座のお二人の場合は、何をしているかよりも、ずっとお家にいて一緒にいる時間そのものを楽しみたいと思うかもしれません。

お相手の月星座が求めそうなことと、あなたの月星座が求めていることをそれぞれ確認してみましょう。

また、男性が付き合う異性として魅力的に思うのは、その男性の金星のようなタイプの女性で、結婚したいのは月星座のようなタイプの女性だとも言われています。

これから関係を築いていきたいお相手がどういう方かによって、あなたの中のどの性質を出していけばいいかが分かりますね。

例えば、お相手の金星が牡牛座で、あなたの水星に牡牛座がある場合、その性質を意識して出していくというイメージです。

ピンポイントに同じ星座がない場合、同じ元素（火、風、地、水）、もしくは男性性、女性性で合う箇所がないかを見ていきます。

また、**お相手が女性の場合は、女性が持つ火星の性質のようにアプローチされたいという深層心理が働きます。**

火の星座の火星の女性なら、男性らしく情熱的にアプローチされたい、風の星座なら知的に楽しく……などです。

女性の場合、結婚相手に自分の太陽のような男性を求めるという説もありますが、現代では健全に自立した女性として、自分で自分の太陽を生きようとするほうが良いと思います。

お相手に自分の太陽を投影して叶えてもらおうとすると、長期的に見てお相手にも負担をかけてしまいかねません。

日本で昔言われていた、女性は幼少期は親に従い、結婚したら夫に従い、老いては子に従うという教えは、女性は生涯月の意識で生きろということになりますので、とても現代に合った生き方とは言えません。

このように、相性には様々な側面がありますので、ぜひカードを見ながらクリエイティブに発想してみてください。

テクニカルな面はさておき、大人同士の場合は特に、ティフェレット（太陽）までしっかりと意識が成長している人同士で関係を築けると、お互いにとって発展的な未来になっていくのではないかと思います。

Q3：娘（息子）との関係で悩んでいます……。

お子様のことを心配されて占いにいらっしゃる方も多いです。

その場合、まずはそのお母様（お父様）とお子様のホロスコープを出してみるのですが、中心となる主人公をお子様として見ていく必要がありますので、お子様のソウル・カウンセリング・カードも作り、生命の樹の配置で並べてみましょう。

神秘学では、家族でも、子どもでも、一人一人の人生の目的はまったく違ったもので、その目的を一番達成しやすい家族や環境をお子様の魂が選んで生まれて

きたと考えられています。

そのため、まずはお母様とお子様の人生をまったくの別物と分けて考えられるかどうかが重要です。

占いに相談にいらっしゃる方というのは、どちらかと言うとお子様想いで過保護なタイプの親御さんが多く、お子様とご自身との境界線が曖昧な場合があります。

境界線が曖昧でもＯＫなのはお子様が七歳までなので、まずはお子様の現在の

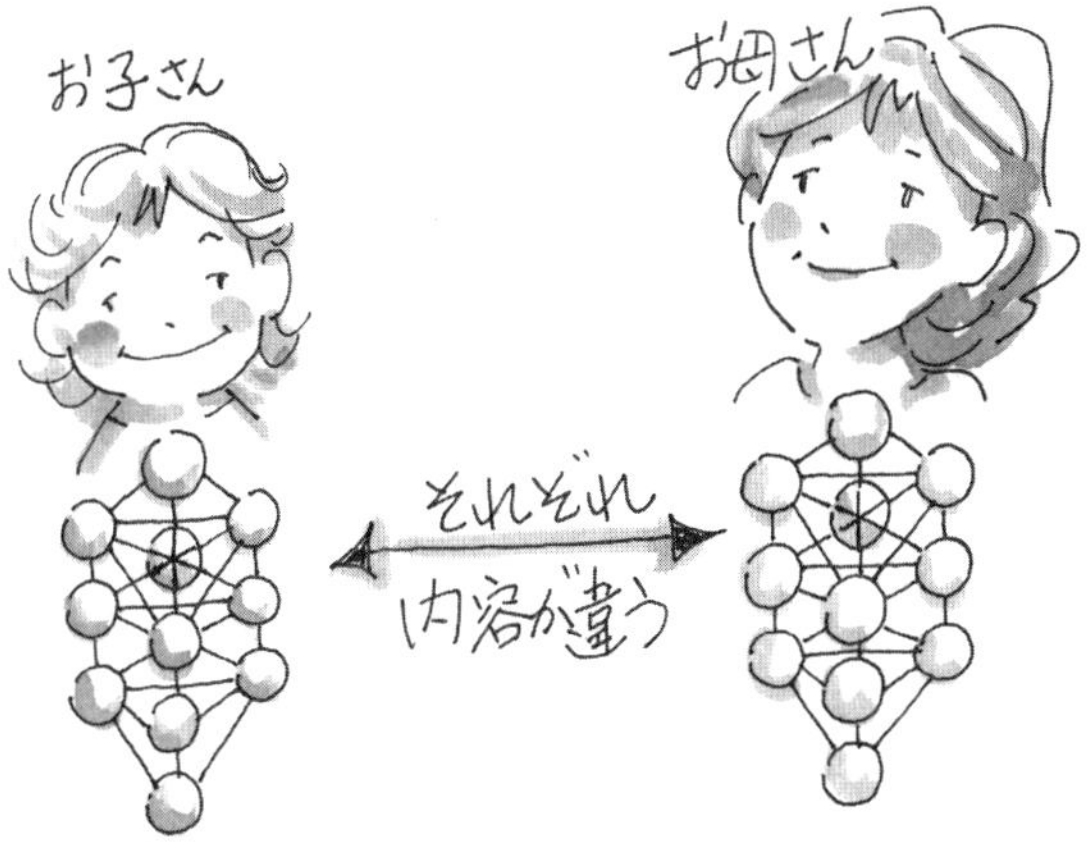

年齢を確認します。

七歳までは、主だった保護者の方（たいていはお母様、もしくはそれに代わる方）とお子様のエーテル体（イエソド）がつながっていて、以心伝心のようなコミュニケーションを取ることができます。

それによってお子様の心の基盤も出来上がるので、この時期のお母様の心理状態や、お子様とのつながりは非常に重要です。

その後、六～七歳にかけて大人の歯に生え替わると、与えられた子どもの身体から自分自身の身体に作り替える時期に入ります。

この頃になったら、お子様の意識は徐々にお母様とのエーテル的なつながりから解かれ、自由に活動していく必要が出てきます。

この頃は水星の年齢域に当たり、文字や算数を覚えたりと、教えられた物事を自分でかみ砕けるようになります。

金星の時期（一三～一四歳）に入ると、思春期に入って性的に目覚めると同時に、ご両親が守ってくれる予定調和の世界、エデンの園から出て自立に向かう時期となります。

それはお子様にとって心理的に危険を伴う大冒険となります。そして、まったく違ったバックグラウンドを持つ他者（異性）に強烈に惹かれるという体験を通し、心理的に親離れをして、新しく自分の世界を創っていこうとするのです。

この頃は、思春期特有の情緒の不安定さや人間関係の悩みなどを通して、思考を育てる時期となります。

思春期の子どもはまだしっかりとした自我（ティフェレット）が育ち切ってい

ませんので、保護者の方が自我の役割を担ってあげる必要があります。

ここまでの心理的成長を順調に通過することができると、二一～二二歳に太陽の時期に入って自我が目覚め、自分の人生を能動的に生きることができるようになります。

これらのどこかの段階でつまずいてしまうお子様もいらっしゃるのですが、幼い頃の問題であればあるほど、無意識の月（イエソド）の傷となって、インナーチャイルドを抱えたまま成長することになります。

ただ、そうなったとしても、たいていはもうお母様が直接影響力を行使できる時期は過ぎていますので、あとはお子様がご自身の意志でインナーチャイルドを癒やしていくしかありません。

一番避けたいのが、そのまま心配し続けて共依存関係が悪化していくことです。

それでも何かしないと……と思われる場合、お子様の生命の樹を確認した上で、**お母様がご自身の生命の樹を登ることをお勧めしています。**

例えば、建物の二階から下を見た時に見渡せる範囲と、一〇階から見た時に見渡せる範囲がまるで違うように、生命の樹を精神的に登っていくことで見える景色がまったく違ってきます。

ご自身の生命の樹を一段登ると、今まで気になっていたことが、急に小さくて些細なことに思えてきたりするのです。

そのようにご自身の視野を広げることで、確実に自分らしい人生を切り開いているという実感が湧いてきますし、そんなお母様を見たお子様が、間接的に良い影響を受ける可能性はあります。

（それを狙ってやってしまうと、心理的な関係性は変わりませんので、お子様の変化を期待することなくご自身の人生に集中することが大切です）

お子様との問題については、実はお母様ご自身の潜在意識の課題を投影していることも多いのです。

もしお母様ご自身がインナーチャイルドを抱えている場合は、専門家に相談してご自身を癒やす必要があるかもしれません。

現代の日本では、大人になることに希望を見出せないため、日々を無気力に生きている子どもたちも多いように思います。

楽しそうに自分の人生を謳歌している、こうなりたいと思える大人が身近にいなければ、そうなってしまうのも仕方がないようにも思えます。

家族であってもそれぞれが精神的に自立し、境界線をしっかりと尊重し合い、それぞれが独立した生命の樹を登っていくのが当たり前の社会になったら理想的ですね。

そのための第一歩として、このような知識に縁あって出会えた私たち自身から今世でできる限り成長し、人生の目的をイキイキと実感しながら生きていきたいですね。

おわりに

最後までお読み頂きましてありがとうございました。

本書は、私がこれまで学びながら体験してきたことの集大成のような内容になっていますが、**実はこの本を書くにあたっても、生命の樹を意識的に活用しています。**

せっかくですので最後に、何かを生み出す時の生命の樹の活用法についてもシェアしておきたいと思います。

私が占い師になったのは宇宙からのお導きだと思っているため、占い師として仕事をする際には、特に宇宙からのインスピレーションを綺麗に具現化することを意識しています。

宇宙は私に何をしてほしいと思っているのだろうか？

動画や本を創る時にこのような問いを立てていると、最初に目的がドンと降りてきて、そのあとに目次が結構詳細な形で現れます。

目次や構成を作っているのは、私の中のビナー（理解）のエネルギーです。

Clover出版さんとのお仕事も、目次だけの段階で企画が決まってしまったため、実際に作る前は、内心「本当に大丈夫かな？」と不安と期待が入り混じったような感じでした。

でも、その目次の意図を汲み取りながら作業を進めていくと、自分でも驚くほど形になるのです。

動画や本の内容は、宇宙意識のままだと直接的で受け取りづらい内容もあるため、宇宙と人間意識の橋渡しとして、ケセド（慈悲）とゲブラー（峻厳）のバランスをうまく取ることも意識しています。

そして実際に作業をしていく際には、エネルギーが動物意識まで降りてきていますので、めんどくさいな〜だったり、こんなこと書いて興味を持つ人いるのかな？　だったりと、ネガティブな声が頭をよぎったことも多々あります。

もしかしたら、何かを創りたい！　と閃いていても、この段階での強烈なエゴに阻まれ、インスピレーションを形にできずに終わってしまう人も多いのではないかと思います。

何かを形にするには、ティフェレット（美）の意志力で手綱を引き、何とか調整しつつ前に進む必要があります。

不安やブレが出てきたら、ケテル――コクマー――ビナーの宇宙意識に意識をチューニングし、初心に戻します。

そして、必要な材料や出会いがまだ来ていない場合はハイヤーセルフに発注し、今できることからやっていきます。

私のティフェレットはいつも宇宙意識と動物意識の間で板挟みにあい、中間管理職のような苦労を抱えていますが（笑）、自分で自分のプロデューサーになったつもりで、内なる自分を奮い立たせながら指揮を執っています。

そのように自分のティフェレットを最大限に使い、意志を持ってハイヤーセルフの理想へと向かって生きることを**自由**と呼びます。

私はこれまでの人生で、ずっと自由を追い求めてきました。

豊かな先進国に生まれ、やろうと思えば何でもチャレンジできるはずなのに、この閉塞感は一体何だろう？　と思いながら。

そして、潜在意識や神秘学の世界と出会い、行き着いた答えが、**魂の意識を地上で具現化する生き方**でした。

どんなに物質やチャンスに恵まれても、魂が求める生き方と違っていたら閉塞感から抜け出すことはできません。

もし今、あなたがそのような閉塞感を感じているとしたら、それは魂からの叫びなのです。

その感覚から目を背けることなく、自分自身の人生のクリエイターとして、ぜひご自身の魂の声に耳を傾けてみてください。

もうお気付きの通り、そのような生き方は決して楽ではありませんが、非常に楽しく、苦しみながらも王道を生きているという実感に溢れたものになります。

本書があなたの魂を取り戻すための一助となっていたら、これほど嬉しいことはありません。

最後に、本書は私が占い師になるまで指導してくださった皆様、そしてYouTube動画を観てくださったたくさんの視聴者の皆様、動画を見つけてくださったClover

出版の小田社長や、マーケティング部部長の二階堂さんはじめ、たくさんのスタッフの皆様に支えられて形にすることができました。

また、本書のソウル・カウンセリング・カードの裏側の絵と挿絵は、元々YouTubeチャンネルの視聴者さんで、私が主宰していたクラブハウスのルームで親しくなったクリエイターさんたちにお願いさせて頂きました。

お二人のプロフィールも本書の最後に掲載させて頂きます。

あとから振り返ると、このような数々のシンクロが織物の糸のように重なり合って物事は具現化していくのだと、これを書いている今も、しみじみと実感しています。

出会ってくださった皆様、そして今本書を手に取ってくださっているあなた様にも、感謝の気持ちでいっぱいです。

本当にありがとうございました。

二〇二一年一〇月吉日　Maya Arika

カード裏側のデジタルアート　　Aina（アイナ）

「love myself」をテーマに、生活の中で感じた心模様を心象風景として絵に表現しております。鑑賞する方の感受性にすべてを委ねております。自由に感じて楽しんで頂けたら幸いです。

Instagram　@ tip050421235
http://Instagram.com/tip050421235

挿　絵　　中山 あきよ（なかやま あきよ）

名古屋芸術大学卒。

絵画教室Q's palette（キューズパレット）主宰。

作品作りのかたわら、水彩画などの感性を伸ばすアートクラスと並行して、小学校受験のための絵工作指導歴12年。

慶應幼稚舎対策が専門のほか、難関校合格実績多数。都内幼児教室にて指導を行う。

Instagram　@ qs_palette
HP：https://qs-palette.com/

著　者　Maya Arika（まや ありか）

占いソウルカウンセラー。

二〇代後半、ハイヤーセルフが突然目覚め、それまでの人生に終止符を打ち、ほぼ無一文で単身南米エクアドルに移住。本能的に生きる南米の人々に多大なる影響を受け自分を取り戻す。

帰国後、再びハイヤーセルフの呼びかけで占い師へ。

占い学校に入学し占星術を学んだところ、過去世でも学んでいた記憶が蘇り、最短記録（一か月半）で卒業。プロデビュー後八か月で最高ランクの占い師となるが、コロナによる緊急事態宣言で独立を決意。

YouTubeの動画投稿に集中し、半年で登録者三万人を突破。

ハイヤーセルフや魂の意識と調和して生きることによる加速度を実感し、その生き方を世に広めたいと思っている。

YouTube　［ Maya Arikaの覚醒channel ］
https://www.youtube.com/channel/UC3GWUs1RZC2mHITfsGZLr8g

その他、メルマガやSNSリンク集
https://lit.link/mayaarika

カバラお勧め書籍リスト

『カバラ入門』ゼブ・ベン・シモン・ハレヴィ著、松本ひろみ訳、出帆新社
『占星学とカバラ』ゼブ・ベン・シモン・ハレヴィ著、丹羽敏雄訳、出帆新社
『カバラの眞義』M・ドーリル著、林鉄造訳、霞ケ関書房
『神秘のカバラー』ダイアン・フォーチュン著、大沼忠弘訳、国書刊行会
『神のようになる　カバラーと人生の窮極目的』マイケル・バーグ著、大沼忠弘訳、ISIS
『占星学』リズ・グリーン著、岡本翔子・鏡リュウジ訳、青土社
『生命の木　ゴールデン・ドーンの伝統の中のカバラ』ジョン・マイケル・グリア著、伊泉龍一訳、フォーテュナ

装丁／冨澤 崇（EBranch）
本文制作／a.iil《伊藤彩香》
イラスト／Aina、中山あきよ、佐藤右志
図版制作／松田里恵
原稿整理／新名哲明
校正／あきやま貴子
編集／小田実紀、坂本京子

奇跡のソウル・カウンセリング・カード

初版１刷発行 ● 2021年11月19日
２刷発行 ● 2021年12月1日

著者
Maya Arika

発行者
小田 実紀

発行所
株式会社Clover出版
〒101-0051 東京都千代田区神田神保町3丁目27番地8　三輪ビル5階
Tel.03(6910)0605　Fax.03(6910)0606　http://cloverpub.jp

印刷所
日経印刷株式会社

ISBN978-4-86734-046-2　C0011

本書の内容に関するお問い合わせは、info@cloverpub.jp 宛にメールでお願い申し上げます。